우리는 재난을 모른다

이 책은 2024년도 포스텍 융합문명연구원의 지원을 받아 출간되었습니다.
This book published here was supported by the POSTECH Research Institute
for Convergence Civilization (RICC) in 2024.

과학문명인문총서 005

성수대교부터 세월호까지,
처음 읽는 기술재난 이야기

우리는 재난을 모른다

홍성욱 지음

새로운 기술재난의 시대,
우리 사회는 어떤 공동체가 되어야 하는가?

동아시아

차례

프롤로그

과학기술은 스스로 진보하면서 사회를 발전시키는 진보의 동력이라고 한다. 상대주의적 인식론을 신봉하는 과학학자도, 지금의 우리가 500년 전 조상보다 행복하지 않다고 믿는 역사학자도 과학기술의 진보를 부정하기 힘들다. 우리는 과거보다 더 많은 것을 알고 있고, 과거보다 더 많은 문명의 이기를 누리고 있으며, 과거보다 더 거세게 자연과 환경을 통제한다. 이를 위해 발전시킨 기술은 복잡해지고 거대해지고 위험해졌다. 아직도 지진과 홍수로 고생하는 나라들이 있지만, 산업사회를 거친 (한국을 포함한) 선진국 대부분은 자연재난을 덜 걱정한다. 오히려 미세먼지, 발암물질, 원자력발전소 사고, 비행기 추락, 여객선 전복, 살생 물질에 의한 중독, 건물이나 다리 같은 기반 시설infrastructure 붕괴, 인공위성 추락, 기후 위기, 통신망 단절처럼 기술이 낳은 새로운 재난을 걱정하며 살아간다.

새로운 재난은 흔히 자연재난과 대비해 사회재난으로 분류된다. 사회재난은 인간이 만든 재난으로 사람들의 생명과 건강, 그리고 개인과 사회의 재산에 위해를 가하는 재난이다. 사회재난의 대표적인 사례는 담배꽁초 같은 실수로 빚어진 건물 화재나 산불 같은 것이다. 관리 감독의 소홀, 관계자의 탐욕이 불러일으킨 '인재人災'도 이런 사회재난에 속한다. 그런데 사람의 실수만으로는 이해하기 힘든 재난도 있다. 원자력발전소에서 방사능이 유출된 사고 사례를 살펴보면, 단순히 사람의 실수나 오류가 낳았다기보다 기술과 인간의 네트워크로 이루어진 복잡한 기술 시스템이 오작동해 생겼다고 볼 수 있다. 2003년과 2019년에 북미의 동부 지역을 강타한 정전도 너무 복잡해진 전력 시스템이 멈춘 것이었다. 그래서 복구하는 데 상당한 시간이 필요했다. 이 책에서 살펴보겠지만 대구 지하철 참사, 세월호 참사, 가습기살균제 참사도 시스템적이고 구조적인 원인이 더 주요했다. 이처럼 자연재난/사회재난의 이분법으로는 최근 우리 사회를 강타한 재난들을 제대로 이해하기란 쉽지 않다.

이 책은 20세기 후반부터 우리가 겪은 많은 재난을 '기술재난technological disaster'이라는 범주로 다시 파악하려는 의도에서 집필되었다. 인류가 이룩한 기술적 성과는 놀랍기 그지없다. 불과 200년 전만 해도 사람들은 전기, 전화, 자동차, 기차, 여객선, 비행기, 인공위성, 인터넷, 화학물질이 없는 세상에서 살았다. 지금 우리는 이 모든 것에 더해 로봇과 인공지능까지 가지고 있다. 경이로운 기술 성과는 사회를 발전시키고, 과학, 의학, 산업 분야에서 전례 없는 발전을 촉진했다. 그러나 모든 도약의 이면에는 우리가 이해하거나 통제할 수 없는 부분이 유령처럼 숨어 있는데, 이런 취약성은 어느 순간에 베일을 벗고 기술재난의 형태로 드러난다.

ChatGPT 같은 인공지능과 인간을 닮은 로봇이 등장하는 시대에, 기술재난에 대한 탐구는 그저 과거의 이야기만은 아니다. 기술재난은 혁신과 진보의 그림자이자 이면裏面이다. 기술재난은 혁신을 향한 우리의 집착을 되돌아보게 하고, 우리가 창조한 기술의 윤리적 차원에 의문을 제기하며, 진보의 약속 안에 숨어 있을 수 있는 위험을 성찰적으로 직면하는 계기를 제공한다. 재난에 대한 이해는 과거를 이해하기 위해서가 아니라, 조화롭고 지속 가능한 우리 사회의 미래를 설계하기 위해서 필요하다.

이 책에서 우리는 기술 시스템이 오작동한 사례와 그 이유를 하나씩 살펴볼 것이다. 이 책은 과거 기술재난의 해부학적 구조를 분석함으로써 재난을 초래한 요인을 이해할 뿐만 아니라, 미래를 책임감 있게 헤쳐 나갈 수 있는 실천적 지식을 갖는 것을 목표로 한다. 어떤 이야기는 우리에게 혁신에 대한 끝없는 욕구를 성찰적으로 제어해야 한다는 당위를 숙고하도록 할 것이며, 그런 의미에서 불편할 수도 있다. 하지만 기술재난 논의를 통해 우리가 발전한 기술을 공유하는 공동체일 뿐만 아니라, 참사와 재난으로 묶여 있는 '재난 공동체'가 될 수 있다는 사실을 이해하게 될 것이다.

우리는 아직 기술재난을 충분히 통제하지도, 아니 만족스럽게 이해하지도 못하고 있다. 기술재난에 대한 대처와 예방은 필자 한 사람만의 노력이나 이 책 한 권으로 이루어질 수 없다. 우리가 지난 수백 년 동안 자연재난을 조금씩 극복해 왔듯이, 21세기 이후에는 갑자기 터지는 기술재난을 조금씩 길들여야 한다. 에필로그에서도 강조하지만, 이를 위해 '기술재난 연구센터'와 같은 조직의 설립이 절실하다.

이 책을 쓰는 과정에서 여러 사람의 도움을 받았다. 우선 기술재난을 다룬 세미나에서 열정적인 토론을 주고받았던 나의 대학원생들에게 감사한다. 그리고 가습기 살균제를 포함한 21세기형 재난에 대한 나의 이야기를 경청해 주고 도움이 되는 논평을 해준 아내에게도 이 자리를 빌려 고마운 마음을 전한다. 마지막으로 정리가 덜 된 원고를 가지고 이렇게 깔끔한 책을 만들어 준 동아시아의 한성봉 대표님과 이종석 편집자님께 감사드린다. 이 책에서 시도하는 기술재난에 대한 탐구가 기술 진보를 비난하는 것이 아닌, 우리가 만든 기술의 이면에 대한 지속적인 관심과 성찰, 경계를 촉구하는 간절한 호소로 받아들여지길 바랄 뿐이다.

2024년 11월

홍성욱

1장

재난이란 무엇인가?

재난의 뜻과 특성

표준적인 국어사전에 따르면, 재난災難은 뜻밖에 일어난 재앙災殃과 고난을 의미한다. 여기서 재앙은 뜻하지 아니하게 생긴 불행한 변고나 천재지변으로 생긴 불행한 사고를 말하고, 고난은 괴로움과 어려움을 아울러 이른다. 종합해 보면, 재난은 갑자기 생긴 사고나 천재지변으로 어려움을 겪는 상황을 가리킨다. 재난과 비슷한 말로 는 날벼락, 대환大患, 사변事變 등이 있다. 법률 용어 사전에서 재난은 국민의 생명·신체·재산과 국가에 피해를 주거나 줄 수 있는 것으로, 자연재난과 사회재난으로 나뉜다. 재난을 자연재난과 사회재난으로 나누는 것은 한국의 재난 관련 법체계에서 따르고 있는 분류 방식이다. 우리가 일상적으로 사용하는 재난의 용법도 이와 같다.

영어에서 재난에 해당하는 단어는 disaster다. 이 단어는 16세기 말부터 사용되기 시작했는데, 어원은 이탈리아어 disastro, 불어 désastre다. disastro는 '나쁜'이라는 뜻의 dis와 '별'이라는 뜻의 astro가 합쳐진 단어로, 글자 그대로는 '나쁜 별'을 의미한다. 여기서 별은 별점을 칠 때 상정하듯이 '운명'이라는 뜻을 갖는다. 따라서 disaster의 어원적 의미는 (갑작스럽게 닥친) 나쁜 운명이다. 재난에 사용하는 한자어 災(재앙 재)는 물이 범람하는 모습과 火(불 화)를 한 단어에 가지고 있다. 수재나 화마처럼 갑작스럽게 닥친 불운을 한 글자에 담고 있는 것이다.

재난을 오랫동안 연구한 미국의 재난학자 엔리코 쿼런텔리Enrico Quarantelli는 재난은 다음과 같은 다섯 가지 특성을 지닌다고 정리한다. 첫째, 재난은 예고 없이 갑작스럽게 발생한다. 둘째, 재난은 사회나 공동체 같은 집단적 단위의 일상을 심각하게 교란한다. 셋째, 재난은 혼란한 상황에 적응하기 위해 개인이나 집단에 계획되지 않은 행동 방침을 채택하게 한다. 넷째, 재난은 사회적 시공간에 할당되었던 삶의 역사를 예기치 않게 바꾼다. 다섯째, 재난은 소중한 사회적 존재를 위험에 노출한다(Quarantelli, 2000, p. 682). 여기서 보듯이 재난은 사회의 물적 기반은 물론 사회 구성원과 공동체의 삶을 할퀴고 지나간다. 재난 속에서 죽거나 다치거나 실종되는 사람이 생기면 가족과 친지의 삶이 크게 흔들린다.

이런 의미에서 재난은 비상 위기 상황보다 더 큰 피해를 가져오며, 더 많은 이의 삶에 직접적인 영향을 준다. 재난과 비슷한 말로 재앙catastrophe이 있는데, 사회의 기반 시설에 심각한 손실을 입히는 사건을 의미한다. 예컨대, 지진으로 도시 절반이 붕괴되는 상황을 재앙이라고 할 수 있다. '참사惨事'라는 표현은 재난과 거의 동의어로 쓰이지만, 재난보다 사건의 끔찍하고 비참한 상황을 더 강조하는 말이다. 재난과 참사 중 어떤 용어를 사용하는가는 중요한 사회적·정치적 의미를 갖기도 하는데, 이에 관해서는 뒤에서 다시 설명할 것이다.

재난을 보는 관점들

재난학자 로널드 페리Ronald W. Perry에 따르면 재난에 관한 정의만 해도 30개가 넘는다(Perry 2007). 이를 재난에 대한 접근 방법에 따라 몇 가지 큰 범주로 분류할 수 있다. 페리는 재난에 대한 이해를 관점에 따라 1) 고전적 전통, 2) 재해hazard 전통, 3) 사회과학적 전통으로 나눈다.

고전적 전통에서 재난은 사회나 그 하위 부문 중 하나가 물리적 피해와 사회적 혼란을 겪는 사건이다. 이런 사건은 특정 시간과 공간에 집중되어 있다. 100년 동안 이어지는 재난은 없으며, 지구 전체의 절반을 휩쓸고 지나가는 재난도 없다. 따라서 이 고전적 전통은 재난을 겪은 사회나 그 하위 부문의 전체 또는 일부 필수 기능이 손상된 것에 집중한다.

두 번째, 재해 전통하에서 재난은 예상보다 빈도와 규모가 크고 심각한 피해와 함께 인간에게 큰 어려움을 초래하는 식으로 환경이 격변하는 과정을 뜻한다. 여기서는 일반적인 것보다 훨씬 더 크고 급격한 자연환경의 변화에 주목한다.

마지막으로 가장 늦게 등장한 사회과학적 전통은 앞의 두 전통과 대비된다. 사회과학적 전통에서는 재난을 사회적 사건으로 보는데, 여기서 재난은 외부나 내부의 취약성^{vulnerability}으로 말미암아 그 구성원을 보호하지 못한 사회문화 시스템의 실패를 포함한다. 여기서 말하는 취약성이란 자연적인 취약성이 아니라 사회적으로 구성된 취약성이다. 따라서 재난을 이런 식으로 이해하면 같은 자연재해가 덮쳐도 사회가 얼마나 취약하느냐에 따라 그 영향이 달라진다는 것을 알 수 있다. 사회과학적 전통의 요체는 재난을 재해의 결과로만 파악하지 않고, 자연적 원인과 사회적 원인의 결합이 재난을 구성한다고 보는 것이다. 따라서 사회의 규범과 가치는 구성원의 보호와 재난에 대한 방호에 영향을 줄 수 있으므로 더욱 중요해진다.

이러한 세 전통 중 어느 것을 따르더라도 재난은 결국 인간 사회와 관련 있다. 무인도에 홍수가 나서 토양이 전부 쓸려 내려가도, 심지어 무인도가 하루아침에 소멸해도 자연적으로는 아주 큰 이변일 뿐 일반적으로 재난이라고 간주하지 않는다. 재난을 이해하는 데는 어쩔 수 없이 인간 중심적인 관점이 포함될 수밖에 없다.

재난 충격 모델

사회과학적 전통의 관점에서 보면, 재난의 피해는 재난이 일어나기 전의 여러 사회적 조건에 따라 달라지며, 재난 상황에 대한 그때그때의 미봉책은 물론이고, 사회적으로 재난에 대비하는 정도에 따라 결정된다. 이를 종합적으로 포함한 재난 모델을 도식적으로 나타낸 것이 [그림 1]의 '재난 충격 모델Disaster impact model'이다(Lindell and Prater 2003; Lindell 2013).

이 그림의 왼쪽 조건들이 재난이 일어나기 전의 사회 조건을 나타내는데, 여기에는 사회의 재난 노출 수준hazard exposure, 물리적 취약성physical vulnerability, 사회적 취약성social vulnerability의 세 가지 요소가 있다. 재난 노출 수준은 사람들이 사는 지역이 특정한 재난에 얼마나 영향을 받느냐는 우연적인 조건이다. 물리적 취약성은 인간과 동물을 포함한 농업적 취약, 건물 등의 구조적 취약성이다. 인적 취약성은 사람들을 사망이나 부상에 이르게 하는 온도, 화학약품 등에 사람들이 얼마나 취약한지의 정도를 나타낸다. 사회적 취약성은 심리적·사회적·경제적·정치적 재원이 얼마나 부족한지에 따라 결정된다.

이러한 상황에서 특정한 재해 사건hazard event이 발생했다고 하자.

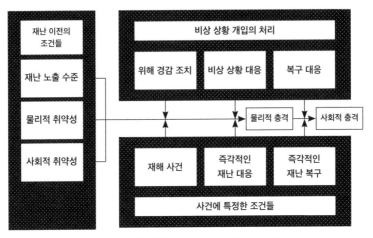

[그림 1] 재난 충격 모델 (출처: Lindell 2013, p. 799).

재해 사건은 그 사건이 얼마나 신속하게 일어났는지, 눈에 띄는 전
조는 없었는지, 충격의 강도, 충격의 범위, 충격의 지속, 발생 확률
등에 따라 그 여파가 결정된다. 강력한 화산 폭발도 전조가 있어 사
람들이 대피했다면 충격이 약해진다.

　사람들은 일단 이 충격에 대응해 여러 가지 즉각적인 재난 대
응improvised disaster response 행동을 한다. 흔히 재난이 발생하면 사람들
은 그 틈을 이용해 자신의 이익만 챙기고 약탈을 일삼는다고 알려
졌지만, 실제로는 다른 사람이나 재산을 보호하려는 행동을 더 많
이 한다. 재산을 보호하기 위해 대피하지 않거나, 재난 상황이 심각
하지 않다고 믿고 도피하지 않아 재난의 피해를 키우는 것도 이런
즉각적인 재난 대응의 한 가지 방식이다. 예를 들면, 화재가 발생해

경보가 울렸는데, 이전에 가짜 경보가 너무 자주 울리는 바람에 사람들이 대피하지 않아 피해가 커지는 경우를 생각하면 된다. 따라서 재해 사건의 특성과 즉각적인 재난 대응이 합쳐져 충격의 정도를 결정한다.

하지만 이런 충격은 여러 방식으로 완화될 수 있다. 우선 재난 발생 이전에 개인적·사회적 차원에서 위해를 경감하는 여러 조치를 취할 수 있다hazard mitigation. 홍수에 취약한 땅에는 집이나 논밭을 마련하지 않는 방식으로 재난의 충격을 줄일 수 있다. 재난이 발생한 다음에는 공동체 차원의 비상 상황 대응이나 가정에서의 대응이 결합해emergence preparedness 재난의 충격 정도를 줄일 수 있다. 재난에 자주 노출된 공동체나 가정은 경각심을 가지고 철저히 준비할 수도 있지만, 거꾸로 재난을 일상적인 것으로 받아들여 준비에 소홀할 수도 있다. 재난 훈련이나 재난 상황의 파악 같은 준비를 공동체 차원에서 잘 진행하는 것이 재난을 줄이는 방법이 된다.

정리해 보면, 재난을 유발하는 지진이나 홍수와 같은 사건의 특성에 즉흥적인 대응이 합쳐져 재난의 강도를 결정하고, 여기에 위해 경감 조치와 비상 상황에 대한 준비가 이 강도를 줄인다. 그 결과가 재난의 물리적 충격physical impact이다. 물리적 충격에는 인명 피해와 재산 피해가 포함된다. 사회나 개인이 어떻게 즉시 대응하고, 또 사전에 어떻게 대처하고 있느냐에 따라 물리적 충격이 클 수도 있고 작을 수도 있다.

물리적 충격 이후에 재난 극복의 노력이 시작되면서 사회적 충격social impacts의 국면에 진입한다. 사회적 영향이란 심리적 충격, 인구 변동, 정치·경제적 충격을 모두 합친 것이다. 이 경우에도 물리적 충격에, 재난 이전에 마련된 재난 회복improvised disaster recovery의 준비가 결합해 사회적 충격을 낳는다. 가정의 예를 들어보자. 지진으로 집이 파괴되었어도 보험이 있다면 재산 손실을 복구할 수 있다. 그러나 이런 재난 회복 대비가 없었다면 복구가 어려워지며, 이런 가구가 많다면 사회적 충격은 커진다. 공동체 전체 차원에서도 재난 이후의 복구를 잘 수행할 수 있는 계획을 세워놓고 있었는지의 여부가 복구의 속도나 단계를 결정할 수 있다recovery preparedness. 따라서 물리적 충격이 커도 재난 회복과 복구 준비가 잘되어 있다면 사회적 충격이 줄어든다.

이 '재난 충격 모델'은 재난에 대한 사회과학적 통찰을 제공한다. 사회의 조건들과 재난에 대한 임기응변적 반응에 따라 동일한 재난 사건이라도 다른 물리적 충격을 가져올 수 있다. 또 동일한 물리적 충격을 낳은 재난이라도 사회적 영향력이 다를 수 있다. 이 모델은 재난의 충격이 자연적인 재해의 강도에 따라서만 좌우되지 않는다는 사실을 보여준다. 이렇게 단계를 나누어 생각하면 한 사회가 재난 피해를 줄이기 위해 어느 부문에 집중해야 할지 알 수 있는 이점이 있다. 물론 지금까지 논의한 사회적 충격 모델은 대부분 자연재난을 대상으로 한 것이며, 우리가 논의하는 기술재난에는 잘 들어

맞지 않는 부분이 있다. 이런 차이점은 앞으로 논의 중에 계속 드러날 것이다.

「재난 및 안전 관리 기본법」에서의 재난

대한민국 정부는 재난을 어떻게 파악하고 있을까? 「재난 및 안전 관리 기본법」은 정부의 재난 대응에 기초가 되는 법안이다. 이에 따르면 재난은 '생명·신체·재산과 국가에 피해를 주거나 줄 수 있는 것'으로, 크게 자연재난과 사회재난 두 가지로 나뉜다. 여기서 자연재난은 태풍, 홍수, 호우, 강풍, 풍랑, 해일, 대설, 한파, 낙뢰, 가뭄, 폭염, 지진, 황사, 조류藻類 대발생, 조수, 화산활동, 소행성·유성체 등 우주 물체의 추락·충돌, 그 밖에 이에 준하는 자연현상으로 인해 발생하는 재해를 말한다.

사회재난은 화재, 붕괴, 폭발, 교통사고(항공사고 및 해상 사고 포함), 화생방 사고, 환경오염 사고 등으로 발생하는 대통령령으로 정하는 규모 이상의 피해*와 국가 핵심 기반의 마비, 「감염병의 예방 및 관리에 관한 법률」에 따른 감염병 또는 「가축전염병예방법」에 따른 가축전염병의 확산, 「미세먼지 저감 및 관리에 관한 특별법」에 따른

---

* 사회재난의 정의 중 대통령령으로 정하는 피해에는 국가 또는 지방자치단체 수준의 대처가 필요한 인명 또는 재산의 피해, 그 밖에 이런 피해에 준하는 것으로서, 소방방재청장이 재난 관리를 위해 필요하다고 인정하는 피해도 포함한다.

미세먼지 등으로 인한 피해를 말한다(2022년 기준).

사회재난의 범주는 과학기술이 발전하거나 예상치 못한 재난 사고가 발생하면서 확대된다. 미세먼지는 2013년 WHO에서 발암물질로 규정되면서 우려의 대상이 되었다. 이 미세먼지가 사회재난에 포함된 것은 2018년이다. 2022년 10월에 핼러윈 축제를 벌이던 서울의 한 골목길에서 총 159명이 압사하는 이태원 참사가 발생했고, 이후 2023년 12월에 다중 운집 인파 사고가 사회재난에 포함되었다. 이때 인공위성의 추락으로 인한 피해도 함께 사회재난에 포함되었다. 최근에 수명이 다한 인공위성의 추락이 잦아지고 있으며, 이런 추락이 한반도 상공에서 일어날 가능성도 얼마든지 있기 때문이다.

사회재난으로 분류된 재난에서 공무원이나 정부 기관이 직무 수행 과정에서 국민에게 손해를 입힌 점을 인정하게 되면 정부나 지자체가 피해 구제를 담당해야 한다. 이런 책임에는 구체적인 실책이 아니더라도, 안전 관리를 더 잘할 수 있었는데 그러지 못했다는 포괄적인 판단까지 포함한다. 이 경우에는 정부나 지자체가 피해자·유족과 합의해 보상금과 위로금을 지급하고, 어떤 경우에는 피해 구제를 위한 특별법이 제정되기도 한다. 하지만 공무원의 실책이 자동으로 보상으로 이어지는 것은 아니다. 삼풍백화점 붕괴 사고가 났을 때 공무원이 뇌물을 받고 무단 증축을 눈감아준 것은 드러났지만, 법원은 이 잘못과 붕괴 사고 사이의 인과관계를 인정할 수 없다고 해서 국가에 책임을 부과하지 않았다. 가습기살균제 참사는 1심 법원에서 가습기살균제 참사에 대한 국가의 책임이 없다고 판결했지만, 2024년에 이루어진 항소심에서는 국가의 책임을 인정하는 쪽으로 판결이 뒤집혔다. 사회재난의 경우, 그 책임을 어디까지 물을 것인가라는 문제는 이처럼 사회적 논쟁과 갈등을 낳을 소지가 있다.

우리나라의 재난 관련 법률에서 자연재난과 사회재난은 엄격하게 구분되지만, 이 책에서 논하는 기술재난은 자연재난과 사회재난에 걸쳐 있다. 대부분의 기술재난은 사회재난의 영역에 속하지만, 일부는 자연재난으로 분류된 것도 포함한다. 이를 도식화하면 [그림 2]와 같다.

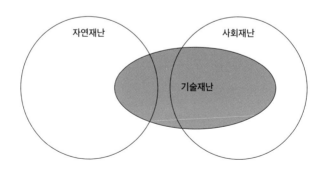

[그림 2] 자연재난, 사회재난, 기술재난의 관계.

재난 관리의 4단계

「재난 및 안전 관리 기본법」에 따르면, 재난 관리는 "재난의 예방·대비·대응 및 복구를 위하여 하는 모든 활동"을 말한다. 여기서 보듯이 재난 관리는 예방, 대비, 대응, 복구라는 네 가지 단계로 나뉜다. 이 모형은 국제적으로 표준화된 것인데, 대응은 response, 복구는 recovery, 예방은 prevention-mitigation, 대비는 preparedness를 의미한다.

[그림 3]에서 별표 모양이 재해의 발생을 나타낸다. 재해 사건이 일어나면 이후 대응, 복구, 예방, 대비라는 4단계를 거친다. 이 4단계 중 대응과 복구는 재난이 일어난 뒤의 단계고, 예방과 대비는 다

[그림 3] 재난 관리의 4단계.

른 재난을 대비하기 위한 단계로 볼 수 있다.

　대응 국면에서는 실시간으로 대처하고 대비 사항을 이행해야 하는데, 구체적인 내용으로는 피해 상황을 공유하고, 실시간으로 관측하며, 2차 피해를 방지하면서 구급 의료 대책을 세우는 조치를 포함한다. 복구 국면에서는 수습, 복구, 피해 배상을 이행하는데, 구체적인 내용으로는 복구 기술 가동, 보상 체계 수립, 재발 방지 대책 수립, 피해 조사 등이 포함될 수 있다.

　복구 이후에는 새로운 재난에 대한 예방 국면이 시작된다. 예방 국면에서는 예측, 취약 대상 파악, 원인 파악, 완화와 경감 등을 시행한다. 구체적인 사항으로 징후 감시, 취약 시설 점검, 재난 모형 정립, 예방 및 관리 체계 수립, 피해 저감을 위한 제도 개선 및 연구 개발 등이 포함된다. 대비 국면에서는 사전 준비와 상시 대비를 하는데, 여기에는 재난 정보 및 상황 관리 체계 확립, 재난 관리 정보 시스템 구축, 긴급 지원 및 응급 대응 체계 구축 등을 실시해야 한다.

　이 4단계는 주로 홍수나 태풍과 같은 자연재난에 대응하고 대비하기 위해 만들어진 틀이다. 매년 비슷하게 반복되는 태풍, 홍수, 가뭄 등의 경우는 재난에 대응하고, 복구하고, 예방하고, 대비하는 4단계의 재난 관리를 비교적 체계화할 수 있다. 반면, 어떤 전조도 없이 예기치 않게 발발하는 기술재난의 경우는 이 4단계를 그대로 적용하기에 한계가 있다.

재난과 참사

우리나라에서 '재난'과 '참사'는 서로 바꿔서 사용할 수 있는 단어다. 하지만 두 단어의 어감은 확연히 다르다. 참사라는 말에는 재난의 끔찍함이라는 감정이 훨씬 더 강하게 녹아 있다. 이 책에서는 가습기살균제 참사라는 용어를 사용하지만, 2019년에 설립된 '가습기살균제사건과 4·16세월호참사 특별조사위원회'의 이름을 보면 가습기살균제 참사에는 '사건accident'이, 세월호 참사에는 '참사disaster'가 붙어 있다. 왜 세월호는 참사가 되었고, 가습기살균제는 사건이 되었을까? 참사와 재난 또는 사건을 가르는 기준은 무엇일까?

2017년 말, 국회에서 사회적 참사 특별법이 제정될 때 여야의 힘겨루기가 있었다. 세월호 유가족들을 중심으로 사회적 참사 특별법 제정이 진행되다가 뒤늦게 가습기살균제 피해자들이 특별법 제정에 합류한 상황이었다. 더불어민주당 박주민 의원에 따르면, 두 사건 모두를 참사라고 부르려면 위원회 위원 구성 등 당시 보수 야당에 무엇인가를 일정 정도 양보해야 하는 상황이었기에, 세월호는 참사, 가습기살균제는 사건으로 부르는 것을 허용할 수밖에 없었다. 즉, 참사나 사건이라는 용어의 결정 과정은 다분히 정치적이었다(안종주 2021).

참사와 재난 모두 영어로는 disaster지만, 우리말에서는 참사 〉 재난 〉 사건 순으로 끔찍한 정도가 다르기 때문에, 일부 정치권은 이

두 사건을 모두 참사라고 부르는 데 정치적 부담을 느꼈던 것으로 보인다. 반대로, 천안함 침몰 사고의 경우, 초기에는 천안함 참사라는 말이 종종 사용되었는데, 북한의 소행이 공식적 입장이 되면서 천안함 피격 사건으로 표현이 바뀌었다. 젊은 장병이 많이 사망한 참사라는 사실을 강조하기보다 북한의 기습 공격에 의한 침몰 사건을 강조하기 위한 용법이었다.

세월호 참사의 경우 배가 침몰하면서 300명 이상의 사망자를 냈는데, 그중 대다수가 수학여행을 가던 어린 고등학생이었다. 배가 뒤집힌 뒤부터 침몰할 때까지의 과정이 TV를 통해 생중계되었다. 발을 동동 구르면서 TV를 시청하던 국민의 마음이 배와 함께 깊은 바다에 가라앉았다. 어린 학생들의 사망, 학생들이 남긴 메시지와 영상, 유가족의 오열, 계속 방송된 침몰하는 세월호 영상은 국민에게 형용하기 힘든 충격을 안겨주었다. 특별법 제정 등을 위한 유가족들의 노력도 통일되어 있었고, 이들의 입장도 언론을 통해 널리 알려졌다. 반면에 가습기살균제의 경우, 1,800명 이상의 사망자가 오랜 시간에 걸쳐서 발생했고, 또 지역적으로도 전국에 산재해 있었으며, 유가족들의 입장도 하나로 통일되지 못했다. 제조사에 대한 형사재판이 시작되었지만 알 수 없는 이유로 중단되었다. 이후에도 가습기살균제 원료에 따라서 재판과 보상이 다르게 진행되기도 했다. 세월호보다 훨씬 더 많은 사람이 사망한 끔찍한 참사였음에도, 이런 이유로 이 사건의 끔찍함이 충분히 전달되지 못했다. 따라서 세월호와 가습기살균제 중 하나에 참사라는 용어를 사용해야 하는 '정치적' 상황이 발생했을 때 세월호가 참사라는 호칭을 갖게 된 것으로 추정된다.

1986년에 발생한 미국 우주왕복선 챌린저호 폭발 사건도 보통 챌린저 참사Challenger disaster라고 불린다. 챌린저호 폭발 사건으로 사망한 사람은 일곱 명으로, 사망자 수만 따진다면 중형 교통사고보다도 적었다. 그러나 챌린저호 발사는 당시 미국 전역에 생방송되었고, 수많은 시민이 폭발 순간을 실시간으로 시청했다. 충격이 지대했기에 챌린저호 폭발 사건에는 사망자 수와 무관하게 참사disaster라는 이름이 붙었다.

이른바 '3대 원자력발전소 사고'를 스리마일섬 원자력발전소 사건Three Miles Island accident, 체르노빌 참사Chernobyl disaster, 후쿠시마 다이이치 원전 참사Fukushima Daiichi nuclear disaster라고 표현한다. 위키피디아의 표현이긴 하지만, 실제로 이런 명칭이 가장 널리 사용되고 있다. 여기서 스리마일섬 원자력발전소 사고만 사건accident이라는 단어를 사용하는 것을 알 수 있다. 세 경우 모두 노심용융이 일어났지만, 체르노빌과 후쿠시마의 경우 방사능이 심각할 정도로 외부로 유출되었다. (체르노빌의 경우) 주민들이 사망하거나 (체르노빌과 후쿠시마의 경우) 주민들이 거의 영구적으로 대피했던 것에 비해, 스리마일섬의 경우에는 방사능이 원전 밖으로 유출되는 일이 없었다. 이런 차이가 용어나 표현의 차이를 만들어 냈다.

이런 상황을 종합해 보면 우리나라에서 참사, 재난, 사건이라는 용어가 사용되는 기준이 그리 엄격한 것은 아니라는 사실을 알 수 있다. 사망자 수나 끔찍함의 정도가 대략적인 기준이 될 수는 있지만, 이 역시 사회정치적 상황과 주관적 평가에 영향을 받는다. 최근의 사례를 보면 2022년 10월에 서울 이태원에서 발생한 핼러윈 압사 사고에 '이태원 참사'라는 용어가, 2023년 7월 호우로 오송 지하차도가 침수해 14명이 사망한 사고에 '오송 지하차도 참사'라는 용어가 일반적으로 사용되고 있다.

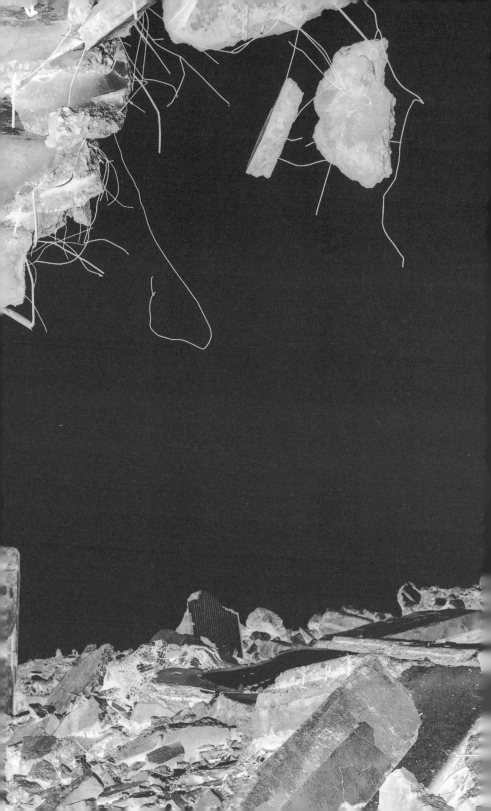

2장

자연재난,
기술재난,
자연-기술 복합재난

기술재난의 정의와 특징

1장에서 살펴보았지만, 대한민국 정부는 재난을 자연재난과 사회재난으로 공식적으로 분류한다. 자연재난은 우리가 잘 아는 태풍, 홍수, 호우, 강풍, 풍랑, 해일, 대설, 한파, 낙뢰, 가뭄, 폭염, 지진, 황사, 조류 대발생, 조수, 화산활동, 소행성·유성체 등 우주 물체의 추락·충돌 등이며, 사회재난은 화재, 붕괴, 폭발, 교통사고(항공사고 및 해상 사고 포함), 화생방 사고, 환경오염, 미세먼지를 포함한다. 이 책에서 논하는 '기술재난'technological disaster 이라는 범주는 기존의 공식적인 범주를 대체하려는 것이 아니다. 하지만 기술재난이라는 범주는 기존의 사회재난/자연재난의 이분법적 구도에서는 주목하지 않았던 특정한 재난의 독특한 속성에 주목할 수 있게 해준다.

기술은 인간이 편리하고자 고안해 만든 인공물이다. 이는 손에 잡고 사용하는 도구나 핸드폰 같은 작은 기술에서 공장의 기계와 전력망이나 통신망 같은 거대 기술 시스템, 그리고 도로, 항만, 공항 같은 기반 시설infrastructure 까지 모든 인공물을 포함한다. 기술재난은 이런 기술이 원인이 되어 생긴 재난을 의미하며, 따라서 넓은 의미에서 사회재난의 일부라고 볼 수 있다. 빌딩에 불이 나서 많은 사람이 사망한 경우, 그 원인이 단순 화재였다면 기존의 사회재난으로 보는 것이 더 타당하다. 즉, 빌딩이라는 인공물에 의한 기술재난으로 보는 것은 자연스럽지 않다는 말이다. 그런데 빌딩에 설치한 화재 경보기가 작동하지 않았거나 화재에 대비해 설치한 비상구가 열리지 않아 많은 사람이 죽었다면, 기술적인 원인이 재난을 촉발한 것이라고 볼 수 있고, 이런 경우의 화재는 기술재난의 성격을 지닌다고 볼 수 있다. 이렇게 기술재난이라는 범주는 사회재난의 일부를 더 깊게 이해할 수 있도록 해준다.

기술재난이라는 범주의 또 다른 이점은 자연재난과 사회재난의 이분법을 넘어설 수 있다는 것이다. 과학기술학Science and Technology Studies, STS 의 행위자 네트워크 이론Actor-Network Theory, ANT 에 따르면, 자연과 사회의 이분법은 서구의 근대사회를 지탱하는 철학적 토대였지만, 후기 근대 이후에는 해결하기 어려운 사회기술적 난제들을 만들어 낸 원인이 되기도 했다. 따라서 ANT에 따르면, 자연/사회의 이분법은 지속 가능한 미래를 위해 우리가 개념적으로나 실천적으로 극복해야 할 대상이다. ANT에서는 기술과 같은 비인간이 자연과 사회의 경계를 가로지르면서 이 경계를 무력화하기 때문에, 사실상 이런 엄격한 경계는 의미가 없다. 기술 같은 비인간은 자연에서 사회로 들어오고, 사회에서 자연으로 침투하며, 따라서 자연과 사회의 경계를 구멍이 숭숭 뚫린 것으로 만들어 버린다. 이를 재난에 대한 이해에 적용해 보면, 기술재난을 매개로 자연재난에도 사회재난의 요소가 침투하고, 사회재난에도 자연재난의 요소가 침투한다는 점을 알 수 있다.

많은 문화권에서, 특히 전통 사회에서는 지진, 호우, 태풍, 가뭄 같은 자연재난이 '신의 행하심acts of gods'으로 해석되었다. 최근에는 '자연의 복수revenge of nature'라는 말도 자주 사용된다. 이런 용어에는 재난이 인간의 힘으로는 어쩔 수 없는 상황이라는 의미가 담겨 있다. 그러나 자연재난과 달리 기술재난은 사람이 만든 기술이 원인이 된다. 따라서 기술재난은 '신의 행하심'이나 '자연의 복수' 같은 말이 적용되지 않는다. 달리 말하면, 사람이 없었더라도 촉발 사건triggering event이 발생할 수 있었다면 그때 재난은 '자연' 재난으로 보는 것이 적절하지만, 반대로 촉발 사건이 본질적으로 인간이 만든 무언가에서 비롯되었다면 이때 재난은 기술적인 것으로 적절하게 간주할 수 있다는 것이다(Freudenburg 1997, pp. 24-25).

기술재난은 다음과 같은 다섯 가지 특징을 지닌다(Lindsey et al.

2011). 첫 번째로, 기술재난에서는 비예측성이 두드러진다. 태풍이나 홍수는 어느 정도 예보되지만, 세월호 참사, 가습기살균제 참사, 원자력발전소 사고 같은 기술재난 대부분은 갑작스럽게 터지며 예측하는 것이 거의 불가능하다. 두 번째로, 기술재난 피해자는 사고에 책임이 있는 사람들에게 분노를 느끼는 경향이 있다. 재난 그 자체는 예상하기 힘들지만, 재난이 발생했을 때 이를 관리하는 사람들의 부주의나 무책임이 재난을 낳는 경우가 많다고 생각되기 때문이다. 세 번째로, 책임을 져야 할 사람들이 책임을 회피하는 경우, 공동체 구성원들 사이의 갈등과 균열을 낳을 수 있다. 네 번째로, 기술재난은 회복 기간이 비교적 길다. 재난 이후 공동체 구성원들은 서로 의지하기 힘들어하는 경우가 많고, 가해자에 대한 소송에 전념하면서 공동체의 회복에는 신경을 덜 쓰는 경향을 보이기 때문이다. 다섯 번째로, 재난 이후에도 미디어가 계속해서 기술재난을 다루는 보도를 내보낼 경우, 이에 따라 사회적 스트레스의 정도가 심해질 수 있다. 이런 스트레스는 재난을 기억하려고 하는 사람들과 재난을 잊으려고 하는 사람들 모두에게 적용된다.

기술재난의 경우, 책임의 부과와 회피가 항상 예외 없이 발생한다. 이태원 참사에서는 폭 3미터의 좁은 내리막길에서 150명 이상의 젊은이가 압사당했다. 이후 용산구청에서는 인파를 관리하지 않은 경찰에 책임을 넘겼고, 경찰은 주최 측이 없는 행사는 매뉴얼도 없었고 시의 요청도 없었다고 책임을 회피했다. 구청 관계자들은 "나는 신이 아니다"라고 항변하기도 했다. 정치권은 안전 관리의 최고 책임을 지는 행정안전부 장관을 탄핵하려 했지만 성공하지 못했다. 이태원 참사와 관련된 공무원들의 형사재판은 현재 진행 중이다.*

2023년 오송 참사에서 보듯이 편리하게 다니던 지하도가 비가 온 뒤에 순식간에 14명의 목숨을 앗아 간 흉기로 변했다. 도로 공사를 위해 기존 제방을 허물고 임시 제방을 설치했는데, 부실한 제방이 홍수로 말미암아 붕괴된 것이 가장 큰 원인이었다. 이 과정에서 관리 감독을 담당하는 여러 부처의 공무원들, 홍수 예보를 알고 있으면서 조치하지 않은 공무원들이 수십 명이나 기소되었다. 이 중 청주시 공무원은 충북도청에 책임을 넘겼고, 충북도청은 청주시의 통보가 없었다고 항변했다. 경찰은 도로 통제 책임이 도로관리청에 있다고 책임을 회피했다. 2024년 5월 청주지방법원은 제방 공사를 했던 현장 소장과 감리 단장에게 각각 징역 7년 6개월, 6년의 중형을 선고했다. 판사는 15년 형을 선고할 수 없는 법체계를 안타까워했지만, 현장 소장은 끝까지 자신의 무죄를 주장했다.

피해자의 가족은 물론 피해를 안타까워하는 시민과 주민은 이런 과정을 겪으면서 허탈해지고 무력해지고 분노하게 된다. 반면에 일

---

* 2023년 11월, 참사 현장에 불법 증축물을 설치한 해밀턴 호텔 대표에게 벌금형이 선고되었는데, 형이 선고된 증축물은 호텔 뒤편에 있는 것으로 참사와는 직접적인 관련이 적었다. 참사의 원인 중 하나로 지목되었던 골목길의 철제 증축물에 대해서는 무죄가 선고되었다. 2024년 10월, 서울지방법원은 1심에서 기소된 용산경찰서 관계자들에게 실형을 선고했지만, 서울경찰청 관계자들과 용산구청 관계자들에게는 무죄를 선고했다. 무죄 선고 중 일부는 2심에서 뒤집힐 가능성도 예견되고 있다.

부는 어쩔 수 없는 사고에 대해 공무원에게 책임을 묻는 유가족의 입장이 과하다고 생각하고 이런 요구에 대해 비판적인 입장으로 돌아선다. 피해자들은 국가 책임을 소환하며, 정치권은 이를 놓고 양분된다. 이 과정에서 참사의 진정한 원인은 밝혀지지 않고, 책임지는 사람도 사라지며, 피해 복구도 제대로 이루어지지 않은 상태로 사회가 분열되는 일이 반복된다.

최근 연구에 따르면, 자연재난과 기술재난은 재난 회복성*과 관련해 다른 양상을 보인다. 자연재난이 할퀴고 간 뒤에 공동체는 심하게 파괴되고 무너지지만, 다시 살아나는 경우도 많다. 심지어 어떤 경우에는 과거보다 더 단단한 결속력을 지닌, 활력 있는 공동체가 만들어지기도 한다. 작가 리베카 솔닛Rebecca Solnit은 북아메리카에서 발생한 지진과 홍수 같은 재난들을 분석하면서, 이런 재난이 기존 사회가 가지고 있던 문제를 드러내면서 동시에 시민에게 강렬한 해방, 사랑, 연대감을 경험하게 한다고 말했다. "재난의 순간은 사회적 격동의 순간인 동시에 전통적인 믿음과 역할의 족쇄가 풀리고 다양한 가능성이 열리는 순간"이며(Solnit 2012, p. 151), 재난을 직접 겪은 현지 사람들은 미디어를 통해 재난을 목격한 사람들과 달리 즐거움에 가까운 흥분을 느끼면서 질서 정연하고 침착하게 사태에 대처한다는 것이다. 재난 복구 과정에서도 주민들은 서로 결속

---

* 재난 회복성(resilience)에 대해서는 이 책의 6장에서 자세히 다룬다.

하고 정부 기관이 하지 못하는 복구 과정을 자발적으로 담당하곤 한다.

반면에 기술재난, 특히 독성 물질이 환경을 오염시켜서 그 영향이 주민의 건강과 생명을 해치는 재난의 경우, 공동체는 심하게 무너지며 그 충격에서 헤어나지 못하는 경우가 많다(Furedi 2007). 이런 재난의 영향은 아주 서서히 모호한 형태로 나타나며, 보통은 여러 죽음이나 건강 악화가 하나의 원인이라고 생각하지 못해 한참 동안 그 원인을 찾아낼 수 없는 경우가 흔하다. 심지어 원인이 밝혀지고 오염원이 제거된 뒤에도 환경에 누적된 독성 물질의 영향 때문에 사람들은 안전이 확보되었다는 느낌을 받지 못한다. 주민들은 스스로 병들고 죽어가고 있다고 생각하며, 이런 상황 속에서 진행되는 여러 소송을 겪으면서 무력해지고 서로를 비난하고 등지는 경우가 자주 발생한다. 이런 경우, 회복성을 보여주는 공동체 대신에 허물어지는 공동체가 나타나는 일이 더 일반적이다(Freudenburg 1997).

미국의 첫 번째 기술재난 사례 - 버펄로 크릭 참사

도시가 불타고 제방이 붕괴해 많은 사람의 생명을 앗아 간 사례는 서양의 경우에 17세기부터 존재했다. 19세기 중엽에 영국 도시에서 제방이 붕괴해 많은 사상자를 내자 지역 신문의 사설은 다음과 같이 썼다. "우리 문명은 자연의 강력한 힘을 우리가 사용하는 데

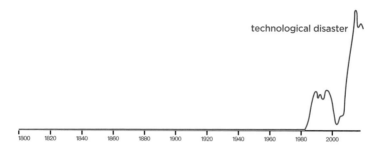

[그림 4] 기술재난(technological disaster)를 키워드로 구글 엔그램에서 검색한 결과. 기술재난이라는 단어가 책에서 본격적으로 사용되기 시작한 시기는 1980년대 이후다.

복종하도록 부추김으로써 우리가 피하는 자연적 위험만큼이나 큰 인공적 위험에 우리를 노출하고 있는 것처럼 보인다"(Furedi 2007, p. 475).

인간이 만든 것에 의해 발생한 재난이라는 관념은 근대 이후에 계속 존재해 왔던 것으로 보인다. 그런데 '기술재난'이라는 용어 자체는 언제부터 사용되기 시작했을까? 데이터베이스를 조사해 보면 논문에서는 1970년대 초반부터 도서에서는 1980년대 초반부터 기술재난이라는 단어가 사용되기 시작한다([그림 4] 참고). 재난을 연구하는 학자들이 첫 번째 기술재난으로 꼽는 것도 1972년에 발생한 버펄로 크릭 참사Buffalo Creek Disaster다. 버펄로 크릭 참사가 일어나고 몇 년 뒤인 1979년에 스리마일섬 원자력발전소 사고가 발생했다. 연이은 사고는 우리의 복리를 위해 사용한다고 생각하던 기술이 재난의 원인이 될 수 있다는 사실을 강하게 각인시켰다.

버펄로 크릭 참사는 피츠톤^{Pittston} 석탄 회사의 액화 석탄^{coal slurry}을 저장하던 코울 댐^{Coal Dam}이 호우로 붕괴되면서, 이 액화 석탄이 댐 아래 지역을 덮쳐 16개 마을 약 5,000명 주민 중 125명이 사망하고 1,000명 이상 부상한 사고였다. 이 참사로 약 500가구의 집이 파괴되고 수천 명의 이재민이 생겼다. 댐은 마침 붕괴 4일 전에 받았던 안전성 검사에서 안전하다는 평가를 받았으며, 따라서 초기에는 참사를 폭우로 인해 어쩔 수 없이 발생한 자연재난이라고 간주했다. 그러나 후속 조사에서 댐 건설의 문제점과 사람들의 실수가 결합해 큰 인재를 낳았다는 사실이 드러났다.

버펄로 크릭 참사 이후 주지사가 임명한 재난조사위원회가 꾸려졌지만, 조사위원회 구성원의 상당수가 석탄 회사에 우호적인 사람들이었다. 그래서 주민들이 광부 대표를 넣어달라고 요구했으나 거절당했고, 이후 자체적인 조사위원회를 만들어 운영했다. 자체 조사위원회에서는 주민의 죽음에 대해 석탄 회사가 책임이 있다는 결론을 내렸고, 석탄 회사가 노천광*을 하지 못하도록 막대한 환경 파괴 손해배상금 지급 의무를 입법화해야 한다고 명시했다.

하지만 공식적인 재난조사위원회나 법정의 판사는 공동체 피해자들에게 우호적이지 않았다. 이후 진행된 민사소송에서 보상액은

---

* 노천광(露天鑛)은 채굴하고자 하는 광물을 덮은 층을 들어내고 광물을 채취하는 방식이다. 덮은 층을 그대로 두고 지하로 갱도를 파고 들어가 광물을 채취하는 갱도광(지하광)과 대조되는 개념이다. 우리나라에도 경기도 연천군에 은복광업소라는 석탄 노천광이 있다. 노천광은 환경 파괴가 심해 금지하거나 제한하는 경우가 많다.

원고 1인당 1만 3,000달러 정도의 낮은 액수에 합의되었다. 웨스트 버지니아주도 회사로부터 100만 달러의 적은 손해배상금을 받는 데 합의했다. 이 과정에서 주민들이 추천한 전문가의 자격으로 법정에서 증언한 사회학자 카이 에릭슨^{Kai Erikson}은 이 지역 문화를 공부하고 주민들을 인터뷰해『휩쓸고 간 모든 것: 버펄로 크릭 홍수로 인한 공동체의 파괴』라는 단행본을 출간했다(Erikson 1976). 이 책에서 에릭슨은 댐의 붕괴로 버펄로 크릭 공동체가 완전히 파괴되었고, 공동체의 파괴가 홍수로부터 입은 피해보다 더 장기적으로 주민들에게 트라우마를 안겨주고 있다고 설명했다.

사회학 분야에서 에릭슨의 책은 재난 이후 공동체의 변화를 분석한 고전적인 책으로 꼽힌다. 하지만 시간이 지나면서 이 책은 버펄로 크릭 사람들을 게으르고, 무지하고, 희망이 없는 사람들로 묘사함으로써 지역인들에 대한 기존의 편견을 강화했을 뿐만 아니라, 이후 탄광 기업들이 이 지역 사람들을 계속 착취하게 만드는 데 일조했다는 비판을 받았다(Ewen and Lewis 1999; Young 2018). 에릭슨은 버펄로 크릭에 가기 전에는 이 지역에 대해 아무것도 몰랐고, 따라서 이 지역을 이해하기 위해 몇 권의 책을 참고했다. 그런데 참고한 책들은 지역의 현재가 아니라 오랜 과거를 묘사한 대중적인 책들이었고, 이 책들로부터 지역과 지역 사람들에 대한 틀에 박힌 고정관념을 갖게 되었다는 것이 비판자들의 분석 결과였다. 앞에서 보았듯이 주민들이 자체 조사위원회를 꾸렸고, 여기에서 지역 공동체에 도움이 되는 전향적인 결론을 얻어냈으며, 기업을 상대로 독자적으로 소송을 제기한 사실을 보면 이들이 단지 수동적인 희생자에 머무르지 않았다는 사실을 알 수 있다는 것이다. 이렇게 재난과 재난 공동체에 대한 분석은 객관적인 서술에 그치지 않고, 공동체의 정체성 회복 과정을 촉진하거나 지연하는 수행성을 갖는 경우가 많다.

한국의 첫 번째 기술재난 사례 – 망원동 침수 사건

우리나라의 기술재난 사건으로는 1984년 9월 1일부터 나흘에 걸쳐 발생한 홍수로 인한 '망원동 유수지 수문 붕괴 사건'이 있다. 당시 330밀리미터가 넘는 집중호우가 쏟아졌고, 한강 물이 넘치면서 홍수에 대비해 만들어 놓은 유수지(인공 저수지)에 물이 가득 찼다. 그러다가 유수지 펌프장 수문이 붕괴하는 바람에 강물이 넘쳐 망원동을 침수시켰고, 그 결과 약 1만 8,000가구가 물에 잠기고 수만 명의 이재민이 발생했다. 당시 허리까지 차는 홍수에도 불구하고 주민들이 출근하는 모습을 찍은 사진은 아직도 화젯거리다.

당시에 예상을 넘어선 집중호우가 발생했기 때문에 사람들은 이 수재가 어쩔 수 없는 천재라고 생각했다. 그런데 당시 유명한 인권 변호사인 조영래 변호사가 주민들을 모아 서울시 관리 책임, 현대건설의 부실 공사 건으로 소송을 진행하면서 사건은 다른 방향으로 흘러갔다. 문제는 원래 망원동 유수지에 있던 수문이 성산 인터체인지를 만들면서 다른 곳으로 옮겨졌다는 사실이다. 이 새 수문의 공사는 현대건설(당시 사장은 이명박)이 진행했다. 그런데 홍수로 유수지의 물이 넘치면서, 새로 시공한 콘크리트 수문 상자가 붕괴한 것이다. 서울시는 이 붕괴가 홍수로 인한 어쩔 수 없는 천재라고 주장했고, 현대건설은 수문 상자는 안정성을 갖췄으나 미증유의 홍수로 인한 불가항력이라고 항변했다. 그러나 원고 측에서는 침수 원인이 망원동 유수지 배수 시설물 설치 및 관리상의 하자 때문이라고 주장했다. 12년 전 더욱 심한 홍수에도 기존의 수문은 잘 버텼는데, 그보다 약한 홍수에 새 수문이 무너졌다는 것이 주장의 근거였다.

당시 원고 측 감정인인 연세대 이원환 교수는 수문 상자와 배수관로 이음매가 부실했고, 서울시가 제대로 된 안전 점검을 실시하지 않았다는 의견을 냈다. 피고 측 감정인인 고려대 최영박 교수는 설계 하자가 없었고 단지 호우가 원인이라고 말했다. 또한, 본래 치수 정책에는 재정적·시간적·기술적 제약 때문에 위험을 감수하는 일은 어쩔 수 없는 부분이라고 증언하기도 했다. 이처럼 전문가들 사이에서 의견이 팽팽히 갈리자, 법원에서 이 두 전문가에 대한 감정 증인 신문을 진행했다. 이때 조영래 변호사가 두 사람을 놓고 5시간 동안 질문했는데, 이 과정에서 조 변호사는 최 교수의 감정 결과가 사실만이 아니라 재정적·기술적 제약이라는 법적 판단까지 하는 것을 비판했다. 즉, 최 교수가 중립적인 증인이라고 보기 힘든 측면이 있다면서, 그가 이해관계에 포섭되었다고 판단한 것이다. 그리하여

피고 측 전문가 증언의 신빙성이 추락했고, 상대적으로 원고 측 주장의 신빙성이 높아졌다(박범순 2019).

결국 1987년의 1심 판단에서 수해에 대해 국가 배상법에 따라 국가 책임이 인정되었다. 다만 서울시나 현대건설의 책임은 인정되지 않았다. 서울시는 재난 방지에 최선을 다했으며, 현대건설은 발주한 대로 수문 상자를 건설한 것이라고 판단했기 때문이다. 2차 소송에서는 서울시에 대한 책임도 일부 인정되었다. 하지만 여전히 현대건설의 책임은 인정되지 않았다. 이후 2심 판결은 대법원에서 확정되었고, 국가는 소송한 주민뿐 아니라 소송하지 않은 주민에게도 보상을 지급했다. 조영래 변호사는 "책임 회피를 일삼는 공권력의 타성에 제동을 걸기 위해 소송을 준비하게 됐다"라고 했는데, 이 소송은 인권 변호사들의 활동을 노동운동이나 학생운동 같은 민주화 운동에서 집단 민사소송 분야로까지 확장하는 중요한 계기가 되었다.

자연-기술 복합재난

기술재난에 초점을 맞추면 자연재난과 기술재난이 결합해 발생하는 재난을 발견할 수 있다. 특히 산업사회를 겪은 선진국의 경우에 자연재난 대부분은 기술재난과 복합된 형태를 띤다. 이런 자연-기술 복합재난에는 1) 자연재해 및 자연재난으로 인해 유해 물질이 유출되거나 기반 시설이 붕괴해 생긴 자연기술재난natech disaster 과

2) 기술 활동 및 에너지 개발 활동이 자연재해를 유발한 기술자연
재난^{techna disaster}이 있다(Gill and Ritchie 2018).

자연기술재난의 사례: 후쿠시마 다이이치 원자력발전소 사고

2011년 3월 11일에 발생한 후쿠시마 원자력발전소 사고는 체르노
빌 참사 이후 최악의 원전 사고였다. 후쿠시마 원전은 미국 제너럴
일렉트릭^{General Electric, GE}에서 개발한 비등수형^{沸騰水型, boiling-water} 원자
로였고, 이를 관장하던 도쿄전력은 원전의 안전성을 계속 강조했었
다. 2011년 3월 11일, 일본 도호쿠 지방 해상에 진도 9.0의 지진이
발생하면서 내륙에도 지진이 일어나 송전탑 등이 손실되었다. 이렇
게 되자 원전에 들어오던 소외 전원^{offsite power}이 모두 중단되었다
(Station Black-Out, SBO). 원전은 전기를 생산하지만 외부에서 전기를
받아 냉각수를 돌리기 때문에, 대부분의 원전은 송전선이 끊어지면
원자로가 일시 정지되도록 설계되어 있다.

원전이 중단된 뒤에 원전 관계자들은 원전 내부의 비상용 전기를
사용하기 위해 지하의 보조 발전기를 가동해 전력을 공급받고자 했
다. 그러나 지진 50분 뒤에 높이 13미터가 넘는 쓰나미가 원전을 덮
치면서, 보조 발전기가 침수되어 전력 공급이 완전히 중단되고 냉
각 시스템은 붕괴되었다. 보조 발전기가 망가진 경우를 대비하던
배터리까지 모두 지하에 있었고, 1, 2호기는 배터리도 쓰나미에 잠
겨 바로 사용할 수 없었다. 3호기는 배터리가 8시간 동안 작동했지

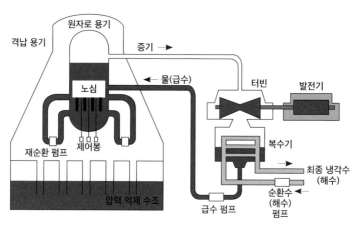

[그림 5] 후쿠시마 원자력발전소의 간단한 구조.

만, 방전되어 역시 노심이 과열되었다. 노심의 온도가 상승하면서 화학반응에 따라 수소가 다량 발생했고, 압력 상승으로 배기를 시작하자 수소가 격납 구조 외부의 건물로 유입되면서 폭발했다. 이렇게 해서 1, 3, 4호기에서 수소 폭발이 일어났고, 방사능이 외부로 유출되었다. 1, 2, 3호기에서는 노심용융이 발생했는데, 1호기 핵연료는 격납고 바닥까지 이르렀고, 2호기도 격납 용기의 일부가 파손되었다. 지진과 쓰나미로 시작된 사고가 노심용융이라는 최악의 원전 사고를 낳은 것이다.

이후 분석을 보면, 도쿄전력의 엔지니어들은 폭발 직전까지도 원전에서 수소 폭발이나 방사능 유출이 없으리라 믿었던 것으로 보인다. 원전이 견고한 엔지니어링robust engineering의 가장 뚜렷한 사례라고 믿었기 때문이다(Amir and Juraku 2014). 오히려 원전이 불완전하고 견고하지 못하다고 생각했다면 여러 가지 사고의 가능성에 대비했을 수도 있다. 실제로 사고 전에도 보조 발전기와 배터리를 모두 지하에 두면 쓰나미가 덮쳤을 때 위험할 수 있다는 가능성이 제기되기도 했지만, 도쿄전력의 엔지니어들은 자신들이 생각하기에 가장 높은 9미터의 쓰나미보다 더 높은 10미터의 방벽이 있어 문제가 되지 않는다고 생각했다. 이렇게 원전이 견고하다는 믿음이 치명적인 원전 참사를 낳은 하나의 이유가 된 것이다.

기술자연재난의 사례: 오클라호마주의 잦은 지진과 포항 지진

기술자연재난은 인간의 기술 활동이 자연재해나 재난을 낳는 경우를 말한다. 미국의 사례로는 오클라호마주에서 도입한 셰일오일 프래킹 공법이 있다. 2009년 오클라호마주에서 바위틈 속의 기름을 강한 압력으로 뽑아내는 셰일오일 프래킹 공법이 도입되었다. 이 공법으로 전 세계 석유 매장량은 대폭 늘어났으나, 이후 오클라호마주에서는 진도 3 이상의 지진이 연 2,000회 이상 발생했다. 그 전에는 진도 3 이상의 지진은 연 2회 정도에 불과했다. 프래킹 공법 도입과 함께 지진의 빈도가 기하급수적으로 늘어난 것이다.

후속 연구에서 프래킹 공법의 영향은 제한적이었다는 사실을 보여주었다. 주정부의 공식 발표는 프래킹 공법이 진도 5 이상의 지진을 한 번 유발했다. 하지만 진도 3 이상의 지진 대부분은 프래킹 공법이 유발한 것이 아니라, 프래킹 공법으로 추출한 원유를 처리하고 남은 하수를 지하 깊숙하게 흘려보내는 처리 방식이 지진을 유발했다는 것이다. 하지만 다른 연구자들은 프래킹 공법이 적어도 700회 이상 일어난 지진의 원인이라고 주장하기도 했다(Skoumal et al., 2018). 그 원인이 프래킹 때문이든 하수 처리 때문이든, 오클라호마의 지진은 기술이 유도한 지진이며, 그런 의미에서 기술자연재난이라 할 수 있다.

2017년 11월에 발생한 포항 지진은 진도 5.4로, 우리나라에서 기상청 관측 역사상 두 번째로 큰 지진이었다. 이 지진으로 한 명이 숨지고 100명 이상이 부상했다. 당시 포항 사람들이 느낀 심리적 충격도 굉장했다. 이후 2018년 2월에 진도 4.6 규모의 여진이 발생했다. 이 포항 지진은 처음에는 자연 지진으로 간주되었지만, 시간이 지나면서 포항시에 세워진 지열발전소가 지진을 유발한 원인일 수 있다는 가설이 제기되었고, 여러 증거가 축적되면서 이 가설은 점차 힘을 얻었다. 언론은 발전소의 데이터를 이용해 2016년과 2017년 봄에 발전소가 지하에 물을 주입한 직후 각각 진도 2.2와 3.1의 지진이 발생했다는 기사를 보도했다. 2017년 11월의 지진 발생 직전에는 발전소에 물을 주입한 적이 없지만, 거꾸로 물을 빼내는 작업을 하던 중에 지진이 발생했다. 이 보도 뒤에 정부는 지열발전소의 가동을 중단시키고, 포항 지진의 원인을 찾기 위한 조사단을 구성해 조사를 진행했다.

조사단의 결론은 포항 지진은 자연 지진도 아니고 지열발전소가 유발한 '유발induced 지진'도 아니라는 것이었다. 대신 조사단은 포항 지진이 지열발전소에 의해 촉발된 '촉발triggered 지진'이라고 결론지었다(김기홍 2019). 포항 지역의 단층에는 지진을 유발할 정도의 상당한 스트레스가 쌓여 있었는데, 지열발전소가 높은 압력으로 주입한 물 때문에 압력이 미소지진을 순차적으로 유발했고, 그 영향이 본진의 진원지에 도달해 거의 임계 상태에 있던 단층의 스트레스를 자극해 지진을 촉발했다는 것이다. 지열발전소가 직접 지진을 유발한 것은 아니고 기존에 높게 쌓여 있던 스트레스를 자극해 지진이 일어났지만, 지열발전소가 높은 압력으로 물을 주입하지 않았다면 지진이 촉발되지는 않았다는 것이 조사단의 해석이다.[*]

이와 같은 결론에 근거해 1,200여 명의 포항 시민들은 지열발전소와 국가에 지진에 대한 정신적 손해배상을 청구했다. 국가가 책임이 있는 이유는 지열발전소가 국가연구개발사업으로 추진되었기 때문이다. 5년이 지난 2023년 11월에 1심 법원은 지열발전소와 국가가 지진을 겪은 포항 시민들에게 200만~300만 원씩 배상해야 한다고 판결했다. 그런데 지열발전소를 지은 회사는 이미 파산했고, 공동 건설자인 포스코와 국가가 배상 의무를 지게 되었다. 상급심

---

[*] 정부 조사단의 결론 이후 2024년 8월 검찰은 지열발전 주관 업체 대표와 이사, 정부 출연 연구 기관 연구원 등 5명을 업무상 과실치사상 혐의로 재판에 넘겼다. 2017년 11월 본진보다 7개월 앞선 4월에 규모 3.1의 지진이 발생했는데, 이에 대한 대응이 미흡했다는 과실이 있다고 보았다.

에서도 이 판결이 유지되면 50만 명의 포항 시민에게 돌아갈 총 손해배상 금액은 1조 원을 넘는다. 이 소송의 항소심 판결은 2025년에 이루어질 예정이다.

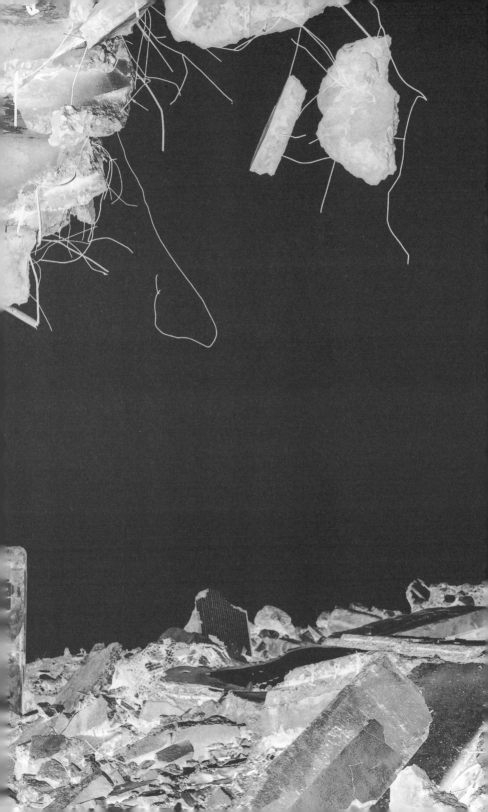

3장

기술재난을
이해하는
이론들

자연재난을 이해하는 이론적 틀로는 기술재난이 잘 이해되지 않는다(Gill and Ritchie 2018). 자연재난은 종종 예측 가능하지만 기술재난은 그렇지 못한 경우가 대부분이다. 자연재난에서 우리는 대자연의 위력 앞에 무력함을 느끼지만, 기술재난에서는 약간의 실수나 허점이 거대한 재난을 낳았다는 사실 앞에 허망함을 느낀다. 자연재난은 위해가 상대적으로 분명하지만, 독극물로 인한 환경 재난은 위해의 범위가 애매하다. 자연재난을 겪은 공동체는 더 강한 연대감을 발전시키는 경우가 많지만, 기술재난은 그렇게 하기 힘들다. 자연재난은 정부 조직이나 기관이 재난 극복을 담당하며 대부분 보험을 통해 손실을 보상하지만, 기술재난은 정부와 피해자들 사이에 대립 관계가 형성되는 때가 많고, 보험을 통한 보상 대신 길고 지루한 소송이 이어진다. 자연재난은 같이 재난을 겪은 공동체가 분명하게 존재하고 함께 고통을 극복하지만, 기술재난은 복구와 고통 극복의 책임이 개인에게 전가되며, 이 과정에서 재난 피해자들 사이에 갈등과 대립이 형성되는 때도 많다. 개개인은 재난의 트라우마를 겪고, 장기간에 걸쳐 안전이 위협받고 있다는 불안감에 시달리며 이로 인해 정신적인 어려움을 호소하는 경우가 많다.

기술재난이라는 개념이 사용되기 시작한 1970년대부터 사회학자, 안전학 및 재난학 연구자, 과학기술학자들은 기술재난을 이해하는 이론적 프레임을 발전시켰다. 이런 이론은 대부분 "왜 기술재난이 발생하는가?"라며 재난의 원인에 집중하는데, 이번 장에서는 대표적인 이론들을 사례와 함께 간단히 소개할 것이다.

인위적 재난 이론

1978년, 영국의 사회학자 배리 터너Barry Turner가 '인위적 재난(인재)man-made disasters'이라는 개념을 처음 사용했다(Turner 1978). 터너는 애버팬Aberfan에서 쌓아둔 광산 폐석 더미가 마을을 덮쳐 100명 이상이 사망한 참사, 열차와 120톤짜리 변압기를 실어 나르던 수송차가 건널목에서 충돌해 일어난 열차 전복 사고, 섬머랜드Summerland 레저센터 화재로 50명 이상 숨진 사고를 분석하면서, 이런 재난들이 외양은 다르지만 비슷한 위험 요소들을 지니고 있었다는 사실을 밝혔다. 이것은 1) 효율적 조직의 인식 밖에 있는 요소에 대한 불감증, 2) 구조화되지 않은 위험 요소에 대한 사각지대, 3) 조직 외부인의 의견에 대한 무시, 4) 낯선 침입자의 접근 가능성 무시, 5) 규정 미준수, 6) 재난에 대한 미흡한 사후 처리 등이다.

인위적 재난은 다음과 같은 여섯 단계를 거치면서 진행된다 (Turner 1978, ch. 5).

1. 정상 상태: 위험에 대한 법과 실천 코드에서 사전 예방적 규범이 일반적인 상태.
2. 잠복기: 위험 통제 규범에 반하는 일련의 사건들이 눈에 띄지 않게 축적되는 시기.
3. 촉발 사건: 혼란이 지배적인 상태.
4. 발발: 재난의 결과가 명백해지는 상태. 사전 예방 조치의 붕괴.
5. 구조 및 구출.
6. 재조정기: 조사를 통해 예방 규범이 새로운 위험 이해에 맞게 조정되는 시기.

터너에 따르면, 인위적 재난은 복잡한 기술 시스템을 통제하기 위한 조직에서 인적 요소와 조직적 요소 사이의 숨겨진 실수들, 그리고 이들의 상호작용에서 발생한다. 숨겨진 실수들이 쌓이면서 시스템의 취약성이 커지는데, 이를 재난 잠복기disaster incubation period라고 명명했다. 여기서 터너가 주목했던 부분은 실제 큰 재난이 터지기 전에 작은 선행 사건들이 발생한다는 것이다. 선행 사건들은 조직이 잘못된 가정을 하거나, 복잡한 상황에 대한 정보를 제대로 다루지 못해서 발생한다. 터너는 낱개로 보면 문제가 없는 조건들 사이에 예기치 않고 복잡한 상호작용이 발생하면서 대형 사고를 낳을 수 있다고 보았는데, 이 개념은 이후 찰스 페로Charles Perrow의 정상 사고 이론normal accident theory에서 더 정교한 형태로 발전한다.

터너의 인위적 재난 이론을 받아들이면 조직의 안전 문화의 중요성이 커진다. 별로 위험해 보이지 않던 조건들이 합쳐져 큰 사고로 이어질 수 있기 때문이다. 안전 문화를 정착하기 위해 가장 필요한 점은 상급자가 안전을 중요하게 생각해야 하고, 위해에 대한 염려를 공유해야 하고, 위해에 대한 현실적인 규범들을 가지고 있어야 하며, 모니터링과 피드백을 통한 지속적인 성찰이 이루어져야 한다는 것이다.

위험으로의 표류 이론

덴마크의 회사와 연구소에서 안전 과학을 오랫동안 연구한 엔지니어 젠스 라스무센Jens Rassmussen은 흔히 '인적 오류human error'로 발생했다고 알려진 참사 대부분은 눈에 잘 보이지 않는 구조적인 원인 때문에 일어났다고 주장했다(Rasmussen 1997). 예를 들어, 1987년에

벨기에 지브뤼게 항구를 떠난 '헤럴드 오브 프리 엔터프라이즈Herald of Free Enterprise' 로로선*이 자동차가 출입하는 램프를 닫지 않는 바람에 출항 4분 만에 침수되어 전복되는 참사가 발생했다. 이 사고로 197명이 사망했고, 램프를 닫는 것을 담당하는 선원들이 재판에 넘겨져 중형을 선고받았다. 하지만 라스무센은 이 사고의 원인이 선박 디자인과 항구 디자인은 물론, 화물 운영부, 승객 운영부, 교통량 통제부, 선박 운항팀이 모두 효율과 이윤을 위해 판단하고 결정한 것들이 서로 얽히면서 궁극적으로 안전하지 못한 해결 방법을 낳은 것에 있다고 주장했다.

그는 이런 재난의 조건을 '위험(실패)으로의 표류drift to danger, drift to failure'로 개념화했다. 회사나 기술 시스템을 관장하는 기관 같은 큰 조직은 다양한 압력을 받는다. 이런 압력 중 대표적인 것으로는 경제적인 효율을 높이려는 압력, 근로자들의 작업 부하를 낮추려는 압력, 위험을 줄이려는 압력 등이 있다. 그런데 회사 경영진에서는 이익의 극대화를 위해 경제적 효율을 높이려는 압력을 가하고, 작업 영역에서는 작업량을 줄이려는 쪽으로 압력을 가할 경우, 이 두 압력이 합쳐지면 [그림 6]의 벡터와 같이 왼쪽으로 압력이 생기는데, 이는 안전을 낮추는 방향이다. 따라서 이 두 압력의 결과 안전에

---

* 로로선은 자동차나 트럭을 운반하는 선박을 통칭하는 용어다. 여기서 로로(Ro-Ro)는 Roll-On/Roll-Off의 약자다. 세월호도 로로선이었다.

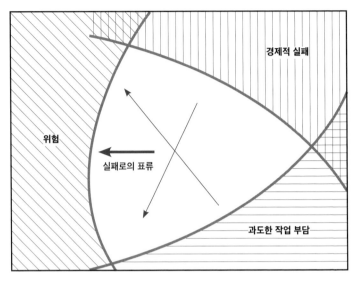

[그림 6] 조직이 받는 여러 압력과 위험으로의 표류.

는 신경을 쓰지 않게 되는 것이다. 조직이 경험하는 재난 같은 큰 실패는 한 사람의 잘못이나 고의에 따른 것이라기보다는 구성원들이 경쟁적인 환경에 적응하려고 했던 행위의 결과로 나타날 수 있다는 것이 라스무센의 이론이다(Rasmussen 1997).

위험으로의 표류 이론에서 위험이나 실패 상황으로 몰고 가는 요소는 다음과 같다. 안전을 무시하면서 원가를 절감하려는 생산의 압력 때문에 안전 규칙을 일시적으로 어기거나 방화문을 열어놓는 것처럼 안전장치 작동을 임시로 중지하는 행위가 대표적인 위험 요소다. 세월호의 경우 선원들이 조타실과 기관실을 오가는 일을 쉽게 하려고 수밀문을 열어놓고 다녔는데, 이는 전복된 배가 빨리 침수한 결정적인 원인이 되었다. 또, 작업 과정이 실제 작업자의 일상적인 실행과 맞는지 주기적으로 점검하지 않는 행위도 여기에 포함된다. 계속해서 안전 점검이 더해져 결과적으로 너무 길고 복잡해진 작업 공정 역시 이런 요소의 일부다. 공식적인 규칙과 별개로 작동하는 비공식적인 명령과 결정 체계, 신뢰성과 안정성을 혼동하는 일, 체크리스트만 지키면 된다는 수동적인 태도, 안전 담당자의 불충분한 감독, 충분치 않은 안전 담당자의 권위, 쉽고 편하게 하는 것을 안전보다 우선시하는 마음가짐 등도 위험으로의 표류를 유도하는 요소들이다.

위험으로의 표류는 서서히 진행되므로 조직 구성원은 이를 눈치채지 못하는 경우가 많다. 터너의 인재 이론에서 이야기한 재난 잠복기와 흡사하다. "더 싸게, 더 빨리, 더 좋게cheaper, faster, better"라는 목표는 효율을 높이고 생산성을 향상시킬 수 있지만, 조직을 점차 안전의 한계 영역으로 몰아간다. 이 과정은 매우 점진적으로 일어나 구성원들은 위험 상황이 코앞에 왔는데 잘 모를 때도 많다. 이는 마치 '끓는 물 속의 개구리'와 비슷하다. 개구리는 뜨거운 물에 들어가면 펄쩍 뛰어오르지만, 찬물에서 물을 서서히 데우면 자신이 그 속에서 삶아져도 아무것도 모른 채 죽음을 맞는다. 위험으로의 표류가 이런 개구리의 상황과 흡사하다는 것이다.

정상 사고 이론

정상 사고 이론은 사회학자 찰스 페로가 1984년에 출간된 책『정상 사고Normal Accidents』*에서 제시한 이론이다(Perrow 2013[1984]). 페로는 스리마일섬 원자력발전소 사고(1979)에 관해 연구했고, 이 사고가 인적 오류 때문이 아니라 원자력발전소라는 기술 시스템의 독특한 특성 때문에 일어났다고 결론지었다. 그는 이 분석에서 정상 사고 이론을 발전시켜 석유화학 공장 폭발 사고, 비행기 추락 사고, 해상 사고, 광산 사고, 댐 사고 등 다른 재난 사례에도 확대 적용했다. 그의 책『정상 사고』가 출간되던 해에 인도에서 보팔 참사(1984)가 있었고, 곧이어 챌린저호 폭발 사고(1986), 체르노빌 원전 참사(1986)가 이어지면서 '정상 사고 이론'은 더 많은 주목을 받았다.

그가 기술 시스템에서 주목한 요소는 복잡성complexity과 연계성coupling이었다. 그에 따르면, 원자력발전소는 상호작용적 복잡성interactive complexity과 긴밀한 연계성tight coupling이라는 특징을 지닌 시스템이었다. 상호작용적 복잡성은 시스템 부품들이 얼마나 복잡한 관계를 맺고 있는가, 또는 단순한 관계를 맺고 있는가에 관한 것이

---

* 여기서 normal은 일반적으로 '정상'이라고 번역되는데, 원뜻은 비정상과 대비되는 정상의 의미라기보다, 지켜야만 하는 규범이나 법을 뜻하는 norm의 형용사 normal로 '피할 수 없는inevitable'이라는 의미를 담고 있다. 여기에서는 통상적인 번역에 따라 normal accident를 정상 사고로 번역한다.

다. 부품들 간의 연계성은 초기 실패가 얼마나 빨리 시스템의 다른 부분에 영향을 주는가에 따라 긴밀한 연계성과 단순한 연계성으로 나뉜다. 초기 실패가 신속하게 시스템의 다른 부분에 영향을 미치는 긴밀한 연계성은 사고의 원인을 제대로 파악하지 못하게 하며, 따라서 재난 상황에 대처하기 어렵게 만든다.

페로는 스리마일섬 원자력발전소가 이러한 두 가지 요소를 다 가지고 있다고 보았다. 즉, 시스템 부품들은 상호작용적으로 복잡한 관계를 맺으며, 한 부품에서 사고가 일어나면 그 사고가 빠른 속도로 다른 부품에 영향을 미치는 긴밀한 연계성을 갖고 있었다. 원전

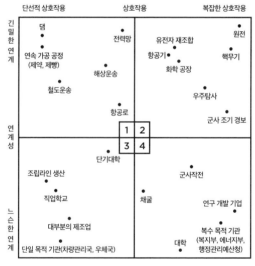

[그림 7] 복잡한 상호작용, 단선적인 상호작용, 긴밀한 연계, 느슨한 연계 등 네 가지 속성을 배합하면, 위의 그림처럼 네 개의 상자를 얻을 수 있다. (출처: Perrow 2013[1984], p. 469)

같은 복잡한 시스템은 안전을 위한 여재redundant 부품들을 많이 가지고 있지만, 부품들 사이에 상호작용적 복잡성이 강해 하나의 부품이 고장 나면 다른 부품을 고장 내는 일이 연속적으로 일어나면서 정상 사고로 이어질 수 있다. 한 부품의 고장이 인접 부품을 신속하게 망가뜨리면 초기 실패가 시스템 전체로 빠르게 전파되고, 이런 시스템에서는 문제가 생길 때 어디가 원인인지 알 수 없기에 사람의 개입이 오히려 상황을 악화시킬 수 있다.

페로의 도식을 따라서 그린 [그림 7]에서 x축은 상호작용의 복잡성 정도를 나타내고, y축은 연계의 긴밀성을 나타낸다. 2번 상자 맨 위 구석에 원자력발전소가 존재하는데, 부품들의 상호작용이 가장 복잡하고, 한 부품의 고장이 다른 부품에 매우 빠르게 영향을 주는 연계성이 가장 긴밀하다. 페로에 따르면, 고장의 전파 속도가 느린 느슨한 연계성의 시스템은 권한이 현장 운영자에게 분산된 분권적인 대응이 적합하고, 고장의 전파 속도가 빠른 긴밀한 연계를 가진 시스템은 중앙 집중 방식의 신속하고 정확한 대응이 적절하다. 거꾸로 부품들의 상호작용이 단순하면 중앙 집중 방식의 대응이 유리하며, 상호작용이 복잡하면 이를 중앙에서 이해하고 통제하는 데 한계가 있어 분권적 대응이 바람직하다. 그런데 이렇게 생각하고 나면 2번 상자에 속하는 사고에 대응하는 데 근본적인 문제가 있다는 사실을 알 수 있다.* 복잡한 상호작용에 대응하려면 조직과 권한이 분산적이어야 하는데, 긴밀한 연계에 대응하려면 조직과 권한이

중앙 집중적이어야 한다. 이런 재난의 경우는 대응 방식에 모순이
내재하며 따라서 조직이 재난을 예방하거나 관리하는 데 근본적인
한계가 있다는 것이 페로의 결론이다(Perrow 2013[1984], pp. 473-476).

　지금까지 페로의 분석을 종합해 보면, 원자력발전소의 사고는 단
순한 기기 고장이나 오퍼레이터의 실수에 의해 일어나는 것이 아니
라, 정상 사고일 수밖에 없는, 즉 필연적으로 일어날 수밖에 없다는
이야기가 된다. 게다가 사고가 일어났을 때 제대로 대응할 조직적
인 방법도 없다. 원전은 중앙 집중적 조직 체계와 분산적 조직 체계
를 동시에 갖추어야 하는데, 실제로 이는 불가능하다. 결국 원전 대
부분은 마치 군대와 흡사한 중앙 집중적 조직 체계를 선택하는데,
민간 사업에 이런 조직 체계를 도입하는 것 자체도 문제가 있지만,
이런 체계는 위기 상황에서 제대로 작동하지 않는 한계를 보인다.
스리마일섬 원자력발전소 사고는 기술적 실패와 인간의 오류human
error가 결합해 일어났지만, 페로의 주장에 따르면 원자력발전소 같
은 기술 시스템에서 사고는 필연에 가깝다는 것이다. 그는 원자력
발전소 같은 시스템이 편익보다는 위험이 크기 때문에 폐기해야 한
다고 결론짓는다(Perrow, 2013[1984], p. 438).

* 복잡한 상호작용이 없고 연계가 느슨한 4번 상자에 해당하는 사고의 경우에도 비슷한 문
제가 발생한다. 단선적 상호작용은 중앙 집중적 대응이, 느슨한 연계에는 분산적 대응이 적절
하기 때문이다. 하지만 4번 상자에 해당하는 경우는 조립 생산이나 제조업 등에서 발생하는
잘 알려진 사고이며, 이런 사고는 중앙 집중 방식으로도, 분산적 방식으로도 대응할 수 있다.
4번 상자에 해당하는 조직은 대부분 중앙 집중 방식을 채택한다.

[더 읽어보기]

정상 사고 사례: 스리마일섬 원자력발전소 사고

스리마일섬 원자력발전소 사고는 1979년 3월 28일에 발생했다. 이 사고는 원자로 노심이 용융되는 대형 사고였고, 원자로 안에서 수소 폭발이 일어났지만 격납고가 튼튼해 방사능이 외부로 유출되거나 사망자가 생기지는 않았다. 하지만 노심용융을 기록한 세계 최초의 대형 원전 사고였다. 이 사고로 원자력발전소가 안전하다는 믿음은 깨지고 말았다.

스리마일섬 원전에서 사용한 원자로는 가압경수형^{加壓輕水型, light} ^{water} 원자로*다. 가압경수형 원자로는 웨스팅하우스에서 원자력 잠수함용으로 처음 개발된 것으로, 물을 감속재와 냉각재로 사용하는 원자로였다. 여기서 가압은 물에 압력을 가해 섭씨 100도

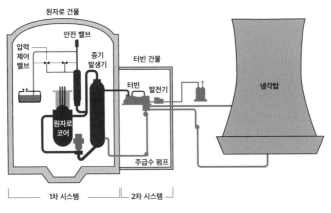

[그림 8] 스리마일섬 원전의 개략적인 구조.

이상에서 끓게 만들었다는 의미다. 감속재는 핵분열에서 나오는 중성자의 속도를 늦추는 물질인데, 중성자의 속도를 늦추면 핵분열이 더 활발히 일어난다.

[그림 8]의 원전에서 1차 시스템과 2차 시스템이 분리되어 있다. 원자로의 방사능에 직접 노출되는 1차 시스템에서 발생한 열과 증기는 방사능으로 가득 오염되어 있지만, 이 증기로 증기 발생기에서 오염되지 않은 증기를 만들어 2차 시스템의 터빈을 돌리기 때문이다. 가압경수로는 2차 시스템에서 문제가 생겨도 1차 시스템에 영향을 주지 않고, 반대로 1차 시스템에서 문제가 생겨도 2차 시스템에 영향을 주지 않는 방식으로 설계되었으므로, 상대적으로 안전하다고 간주되던 원자로였다. 오염되지 않은 물로 터빈을 돌리고 거기서 전기를 생산하는 깨끗한 시스템이라고 믿었기 때문에, 원자로에 사고가 나도 방사능이 외부로 유출될 일은 없다고 판단했다.

그러나 스리마일섬 원전 사고는 아주 단순한 이유로 촉발되었다. 터빈으로 들어가는 깨끗한 수증기에도 불순물이 생길 수 있어 이를 걸러주는 필터를 사용하는데, 1979년 3월 28일에 이 필터가 고장 났다. 그러면서 습기가 압축 공기 시스템으로 들어갔

---

* 여기서 경수는 우리가 일상에서 사용하는 H_2O다. 가압수형 원자로에는 가압경수형 원자로와 가압중수형 원자로가 있는데, 후자에서는 감속재와 냉각재로 수소의 동위원소인 중수소(D) 두 개와 산소(O) 한 개가 결합해 만든 중수(重水, D_2O)를 사용한다.

고, 펌프의 밸브가 작동하기 시작하면서 주 급수 펌프가 자동으로 멈추었다. 그 결과 터빈이 멈추게 된 것이다. 터빈이 멈추면 비상 급수 펌프가 자동으로 가동되지만, 이틀 전 점검이 끝나고 관리자가 밸브를 열어두는 것을 깜빡 잊어 밸브가 잠겨 있는 상태였다. 비상 급수 펌프가 작동하지 못하는 상황이었던 것이다. 그런데 밸브 작동을 나타내는 표시등이 마침 다른 표시판으로 가려져 있어 운영자는 밸브가 열려 펌프가 작동하는 중이라고 생각했다. 그러나 실제로는 펌프가 작동하지 않았고, 냉각수는 유입되지 않은 상태가 지속되었다. 결국 노심의 온도와 압력이 상승하게 되었고, 온도가 계속 올라가자 문제의 심각성을 인식한 운영자는 원자로를 긴급 정지했다. 그럼에도 원자로 내의 압력은 계속 올라갔고, 이를 막기 위해 자동으로 압력을 낮추는 압력 제어 밸브가 열렸다.

필터가 고장 난 것부터 압력 제어 밸브가 열리는 이 단계까지 여러 과정과 운영자의 개입을 거쳤다. 하지만 이 모든 과정이 일어난 시간은 13초에 불과했다. 모든 부품이 긴밀하게 연결되어 있어 하나의 오작동이 순식간에 다른 하나를 작동시켰던 것이다. 따라서 노심 온도와 압력의 비정상적인 상승을 알게 된 운영자는 이것이 2차 시스템의 필터가 고장 나서 생긴 문제 때문에 발생했다는 사실을 알아차리지 못했다.

압력 제어 밸브는 원래 잠깐 열렸다가 압력을 낮춘 뒤에 닫혀야 했다. 그런데 마침 기술적인 오작동 때문에 이 밸브가 닫히지 않았음에도 불구하고, 계기판은 밸브가 닫혔다는 신호를 표시했다. 따라서 운영자들은 밸브가 닫혔다고 생각하고는 다른 조치를 취하지 않았다. 그 결과 2시간 넘게 열려 있던 밸브를 통해 냉각수가 수증기 형태로 전부 빠져나갔다. 노심 냉각 레벨이 떨어지고 노심 온도가 다시 상승했다.

최초의 문제는 2차 냉각 시스템에 연결된 터빈에서 생겼는데, 왜 1차 냉각 시스템의 원자로 노심 온도가 올라갔을까? 원전에서 일하던 운영자들은 이 두 현상의 연관성을 이해하지 못했다. 1차 시스템과 2차 시스템은 분리되어 있다는 것이 당시 운영자들의 일반적인 생각이었기 때문이다. 그렇지만 사실 1차, 2차 시스템은 압력 제어 밸브로 연결되어 있었고, 운영자들도 이런 링크를 모르고 있었던 것은 아니다. 그런데 압력 제어 밸브가 잘 닫힌 것으로 보였기 때문에, 운영자들은 결국 파이프에 누수 같은 다른 원인을 생각하게 된 것이다.

이런 상황에서 또 다른 안전장치인 고압 분사기가 작동해 냉각수를 노심에 뿌렸다. 그런데 물을 너무 많이 뿌릴 경우, 압력 제어기가 물에 잠기기 때문에 이를 방지하기 위해 원전 기술자는 고압 분사기를 껐다. 그러자 냉각수가 충분히 유입되지 못해 노심 온도가 계속 올라갔다. 결국 노심이 너무 뜨거워져 원자로가 발전소 바닥으로 가라앉는 노심용융이 일어났다. 이렇게 사소한 기술적 문제, 인간의 실수, 잘못된 판단, 또 다른 기술적 문제가 결합해 원자로는 순식간에 손을 쓸 수 없을 정도로 가열되고, 원자로가 땅을 뚫고 가라앉는 노심용융이라는 최악의 사태가 발생했다.

페로의 정상 사고 이론에 대한 비판이 없는 것은 아니다. 페로는 항공기를 고위험군에 포함시켰으나, 일부 재난 연구 학자들은 이에 동의하지 않는다. 그들은 경험이 많은 항공사가 운영하는 항공기들이 거의 사고가 없는 기술 시스템에 가깝다고 주장한다. 대형 사고가 거의 발생하지 않는 '고신뢰조직High Reliability Organization'을 연구한 경영학자 칼 와익Karl Weick과 카를린 로버츠Karlene Roberts는 조직 내 개인의 윤리적 행동을 설명하는 '주의 깊은 관계 맺음heedful interrelating'이라는 개념을 제안한다(Weick and Roberts 1993). '주의 깊은 관계 맺음'은 1) 특정 목표를 달성하기 위해 조직이 어떻게 배열되어 있는지 큰 그림을 이해하고, 2) 각자의 역할을 이 큰 그림 속에 맞추는 방법을 이해하며, 3) 이러한 의무를 수행한다는 인식을 유지해야 한다. 거대한 조직 속에서 개인은 주어진 임무만 기계적으로 수행하는 경향이 있지만, 와익과 로버츠는 개개인이 주의 깊은 관계를 맺는 조직의 경우 실패나 참사를 예방할 수 있다고 강조했다. 고신뢰조직은 실패의 초기 징후에 민감하고, 단순화를 거부하고, 조직의 일에 예민하고, 복원력을 중시하고, 전문성을 존중한다는 다섯 가지 특성을 지닌다(Weick and Sutcliffe 2001).

경영학자 스튜어트 번더슨Stuart Bunderson은 '주의 깊은 관계 맺음' 을 윤리적 행위와 연결시키며, 개인은 자신이 속한 조직이 매우 복 잡하더라도 전체 시스템을 어느 정도 이해할 도덕적 의무가 있다고 주장했다(Bunderson 2001). 그는 사고 이후에 사람들이 "알아야 했는 데 몰랐다should have known"라고 변명하는 경우가 많은데, 이럴 때 개 인이 도덕적·윤리적 책임을 피할 수 없다고 결론 내린다. 번더슨은 '주의 깊은 관계 맺음'을 잘 수행해 오류 가능성을 최소화하는 '고책 임조직High Responsibility Organization'이라는 개념을 제시한다. 고책임조 직의 특성으로 1) 의도치 않은 결과의 예방을 조직의 중요한 원리 로 삼고, 2) 많은 사람의 책임을 고려하되 단순화하지 않고, 3) 직종 순환 등을 통해 직원이 자신의 광범위한 맥락을 최대한 이해할 수 있도록 하며, 4) 오류에 대한 적극적이고 창조적인 접근을 통해 복 원 노력을 기울인다는 점을 제시한다.

이러한 특성을 비교해 보면 고책임조직과 고신뢰조직은 많은 공 통점이 있다. 무엇보다 고신뢰조직이나 고책임조직에 대한 연구는 정확한 정보를 만들어 내는 것뿐만 아니라, 정보의 수렴 과정에서 과도한 단순화를 피하고 다양한 피드백 메커니즘을 활성화하는 것 이 조직 전체에서 예측하지 못한 사고를 줄이는 매우 중요한 방법 임을 보여준다. 개인이 조직의 관행과 다른 견해를 가질 수 있으며, 이러한 이견이 모아져 검토되고 조직의 상부로 전달될 수 있는 구 조를 가지는 것이 중요하다. 엔지니어들이 숫자로만 말하는 대신 오랜 경험에서 얻은 직관을 더 의미 있게 여기는 것도 중요하다. 마지막으로, 이러한 소통과 유연성을 허용하고 장려하는 열린 리더십이 중요한 만큼, 조직 내 개별 엔지니어들이 '주의 깊은 관계 맺음'의 태도를 유지하려고 노력하는 것도 중요하다.

스위스 치즈 모델

스리마일섬 원전 사고 이후에 원전연구소[Institute of Nuclear Power Operations, INOP]는 원전을 가동하면서 생긴 심각한 상황을 전 세계 원전에서 수집했다. INOP는 1983년~1984년에 수집한 180개의 사건을 분석했는데, 이 중 92%가 사람에 의한 것이었다. 그런데 더 놀라운 사실은 원자력발전소의 작동 과정에서 사람이 만든 문제는 그중 8%밖에 되지 않았다는 것이다. 나머지 92%는 유지 보수에서 생긴 문제이거나 경영진의 결정이 낳은 문제였다. 이런 문제들이 곧바로 대형 사고를 낳은 것은 아니었지만, 시스템의 취약성을 증가시키는 것은 분명했다.

영국의 심리학자 제임스 리즌[James Reason]은 사고를 낳는 인적 오류*에 관해 연구하다가 이런 시스템의 취약성을 인식하게 된다. 리즌은 큰 사고가 생겼을 때 인적 오류는 쉽게 보이지만, 시스템 오류[system error]는 잘 보이지 않는다는 점에 주목했다(Reason 1990). 앞의 INOP의 데이터에서도 볼 수 있지만, 시스템을 위험한 상태로 몰아

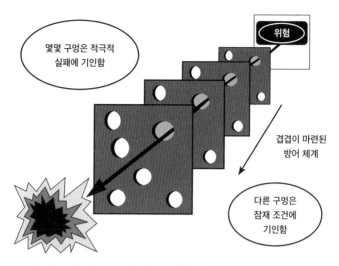

[그림 9] 제임스 리즌의 스위스 치즈 모델. (출처: Reason 1997, p 12.)

가는 것은 눈에 잘 보이지 않는 결정이나 실수 같은 것들이다. 리즌
은 시스템 오류에 주목하면서 큰 사고나 재난을 낳는 모형을 만들
었는데, 이것이 [그림 9]에 있는 스위스 치즈 모델이다(Reason 1997).

스위스 치즈 모델은 서로 연관이 없는 것처럼 보이던 인적 오류
와 시스템의 구조적 오류가 어느 순간에 결합할 때 이런 단순한 위
협 요소가 인명 손실을 낳는 큰 사고나 재난으로 이어진다는 점을

* 인적 오류란 부적절한 인간의 결정이나 행동으로 어떤 허용 범위를 벗어난 바람직하지 못
한 인간의 행위를 말한다. 인간 공학에서는 인적 오류를 실수나 건망증과 같은 행동 오류[action
error], 착오와 같은 생각 오류[think error], 위반과 같은 의도적 오류로 구분한다.

보여준다. [그림 9]에서 보듯이 이 모델에서는 두 요소를 중점적으로 고려하는데, 하나는 구조적 오류인 잠재 조건latent conditions이며, 다른 하나는 인간의 실수인 적극적 실패active failure다. 전자에는 조직화된 소홀organizational neglect, 감독의 소홀supervisory neglect, 위험한 환경unsafe condition이 포함되는데, 이런 요소들은 눈에 잘 보이지 않는다. 후자에는 불안전한 행동과 실수 같은 인적 오류가 포함되는데, 이런 인적 오류는 상대적으로 눈에 잘 띈다. 잠재 조건과 인적 오류가 맞아떨어져 사고가 일어나는 경우, 쉽게 눈에 띄는 인적 오류만 인식한 우리는 실수를 저지른 몇몇 일선 운영자에게 사고의 책임을 묻곤 한다.

사고가 일어난 뒤에 이에 대한 조사가 이루어질 때, 잠재적이고 구조적인 오류에 주목하지 않으면 조직은 일선에서 일하는 운영자의 잘못에만 주목하고 이를 사고의 원인으로 지적하기 십상이다. 사람을 벌주고 교체하지만, 잠재적 조건이 개선되지 않으면 사고는 다시 반복될 수 있다. 일선에서 사람이 저지르는 인적 오류는 큰 사고나 재난을 낳는 한 가지 요소에 불과하다는 사실을 기억할 필요가 있다.

[더 읽어보기]

스위스 치즈 모델 사례: 블랙호크 격추 사건(1994)

스위스 치즈 모델에 부합하는 사례로 언급되는 참사는 1994년 미 공군에 의한 미국 블랙호크 격추 사건이다. 당시 미 공군 F15

가 이라크에서 이라크 사람들을 수송하던 블랙호크 헬리콥터 두 대를 적군으로 오인하고 격추했다.

당시 미군은 헬기나 비행기에 우군인지 적군인지 표시하는 IFF^{Identification Friend or Foe} 레이더 시스템을 장착하고 있었다. 그래서 F15에서 미 헬기를 보면 적군기인지 우군기인지 쉽게 알 수 있어야 했는데, (나중에 밝혀진 바로는) 블랙호크나 F15 중 하나의 IFF 시스템이 제대로 작동하지 않았다. 따라서 IFF를 통해 F15에서 블랙호크를 판별할 수 없었다. 게다가 F15와 블랙호크는 다른 주파수를 사용했고 무선으로는 서로 교신이 불가능했다.

당시 블랙호크 2기는 여러 국가의 대표로 구성된 UN평화유지군 시민 인력을 다른 곳으로 옮기는 작전을 수행 중이었고, 지상 사령부의 레이더에 의해 모니터링되고 있었다. 이 지상 사령부는 레이더를 통해 F15 역시 모니터링할 수 있었다. 그런데 블랙호크가 산악 지역에 들어서면서 레이더망에서 한때 사라졌고, 지상 사령부의 근무자 한 명이 블랙호크가 착륙했다고 생각하고 담당자에게 블랙호크의 우군 인증^{friend identification}을 제거하라고 요청했으며, 이에 담당자는 특별한 생각 없이 이를 제거했다.

이후 정찰 중이던 F15 조종사는 두 대의 헬기를 발견하는데, 자신이 발견한 두 대의 헬기가 임무를 수행하는 블랙호크라고는 생각하지 못했다. 게다가 F15의 조종사는 블랙호크의 색이나 생김새를 정확히 알지 못한 상태였다. 그는 육안 관찰이 가능한 지점

까지 헬기에 접근한 뒤에 이를 이라크 헬기라고 판단했다. 부조
종사는 육안 식별이 가능하지 않다는 판단을 내렸지만, 부조종사
의 말이 조종사에게 전달되지 못한 상태에서 조종사는 매뉴얼에
따라 미사일을 발사했다. 두 대의 블랙호크는 격추되고, 군인과
민간인을 포함한 26명이 모두 사망했다. 이 참사는 IFF 기술과 서
로 다른 주파수를 사용하는 통신 체계의 구조적인 문제, 지상 사
령부의 오판, 파일럿의 불확실한 판단 같은 인적 오류가 결합했
을 때 심각한 사고를 낳을 수 있다는 사실을 잘 보여준다.

스위스 치즈 모델에 따르면, 잠재적 실패의 조건을 만들지 않음
으로써 대형 사고를 방지할 수 있다. 리즌은 사고가 거의 없는 조
직으로 항공 수송의 안전 유지를 담당하는 미국연방항공국Federal
Aviation Authority, 지금은 Federal Aviation Administration의 사례를 든다. 미연방항
공국은 일상routine, 고템포high-tempo, 비상emergency의 세 가지 복잡한
조직 상태와 명령 체계를 매우 유연하게 활용한다. '일상' 상태에서
는 다른 조직에서 볼 수 있는 위계적인 명령과 표준적인 작업 과정
매뉴얼이 작동한다. 그런데 한 구성원에게 감당하기 힘든 교통 정
보가 쏟아져 과부하가 걸리면, 일상 상태는 순식간에 '고템포' 상태
로 바뀐다. 후자의 경우 명령은 위계나 지위가 아니라 숙련에 따라
이루어지는데, 과부하를 다룰 수 있는 동료가 조용히 쩔쩔매는 직
원 옆으로 가서 모니터에 나타난 위험한 지점들을 손가락으로 지적

함으로써 그를 도와준다. 그는 거의 아무 말도 하지 않고 문제를 해결한 뒤 자신의 위치로 돌아간다. 마지막으로, 위험이 임박한 '비상' 상태에서는 이미 잘 확립된 역할 분담에 따라 일이 분배되고 위험에 조직적으로 대응한다. 이런 안전한 조직은 관료적이고 위계적인 조직, 전문가의 조직, 재난에 신속하게 대응하는 조직이라는 세 가지 다른 특성이 공존하면서, 조직을 상황에 맞게 신속하고 적응적으로 운용하고 있다는 속성이 있다(Reason 1990).

일탈의 정상화

일탈의 정상화^{normalization of deviance} 이론은 사회학자 다이앤 본^{Diane Vaughan}이 챌린저호 폭발 사고를 분석하면서 제시한 개념이다. 처음에는 심각한 것으로 생각했던 일탈이 계속 반복되면서 받아들일 수 있는 위험으로 수용된다는 이론이다(Vaughan 1996). 모든 새로운 프로젝트에는 확실히 알기 힘든 위험이 수반되는데, 이렇게 특정한 일탈이 수용할 수 있는 위험으로 간주되면 나중에 큰 사고나 재난을 낳을 수 있는 구조적 조건이 만들어진다. 일탈의 정상화 이론은 기술 시스템에서 발생하는 큰 사고나 참사를 설명하는 데 자주 적용되는 중요한 이론이다.

[더 읽어보기]
일탈의 정상화 사례: 챌린저호 폭발

우주왕복선 챌린저호 발사는 미국의 국가적 관심사였다. 미항공우주국^{NASA}은 우주 탐험에 대한 대중의 관심을 다시 불러일으키기 위해 1985년에 일반 시민을 대상으로 우주인을 선발했다. 마침내 경쟁을 통해 교사였던 크리스타 맥컬리프^{Christa McAuliffe}가 우주인으로 선발되었다. 그녀를 포함해 일곱 명의 우주인을 태운 챌린저호는 1986년 1월 28일에 케네디우주센터에 모인 수천 명의 시민과, TV를 통해 이를 시청하던 수많은 국민이 지켜보는 가운데 발사되었지만 1분 13초 뒤에 공중에서 폭발했다.

곧이어 이어진 조사에서 발사 당일 낮은 기온 탓에 고체 연료 로켓 부스터의 부품을 잇는 오링^{O-Ring}이 찢어져 연료가 샜고, 여기에 불이 붙어 폭발이 일어났다는 사실이 밝혀졌다. 게다가 이런 위험을 감지한 몇몇 엔지니어는 전날 발사 연기를 종용했지만, NASA와 로켓 부스터 제작사인 모톤타이어콜^{Morton Thiokol} 사의 고위 경영진으로부터 꾸중만 들었다는 사실도 밝혀졌다. 나중에 이런 폭로가 밝혀진 뒤에, NASA와 타이어콜 경영진은 자신들의 이해관계를 위해 엔지니어의 합리적이고 용감한 폭로를 가볍게 무시한 '멍청이들'이라는 비난을 받았다.

이런 일반적인 해석과 달리 다이앤 본이 주목한 사실은 1월 28일의 비행이 챌린저호의 첫 비행이 아니었다는 점이다. 챌린저호는 3년 이상 동안 아홉 차례나 비행했다. 당시 NASA는 챌린저호 외에 다른 우주왕복선들도 가지고 있었는데, 이를 합치면 총 24회 비행했다. 이런 우주왕복선은 모두 고체 연료 로켓을 사용했다. 로켓을 이루는 네 개의 부품은 모두 두 겹의 오링으로 이어지는데, 24차례 비행에서 일곱 번 오링의 손상이 발견되었다([그림 10] 참고). 이를 통해 전문가들은 오링이 우주왕복선의 안전을 위협하는 중요한 요소임을 인지하고 있었다. 그러나 두 개의 오링 모두에 문제가 생긴 경우는 한 번도 없었으며, 하나가 약간 부식되어도 다른 하나가 여분의 밀폐를 담당해 안전을 보장해 준다고 생각하게 되었다.

[그림 10]의 그래프는 챌린저호를 포함한 우주왕복선 발사에서 오링에 문제가 생긴 일곱 번의 발사와 온도의 관계를 보여준

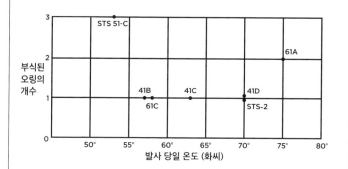

[그림 10] 일곱 번의 오링 부식과 온도의 관계. 예컨대, **41B**와 같은 표시는 발사된 우주왕복선을 식별하는 기호다. x축은 발사 당일의 온도(화씨)이며, y축은 문제가 생긴 오링의 개수다.

다. 첫 발사된 STS-2에서 주 오링에 약간의 부식이 나타났으나 부 오링은 부식이 없었다. 11번째 41C에서 주 오링 뒤에서 가스가 탄 검댕이 발견되었지만, 부 오링은 온전한 상태였다. 15번째 51-C에서는 가스가 더 많이 샌 것이 발견되었고, 부 오링마저 처음으로 부식되었다. 이때 온도의 영향이 처음 고려되었지만, 아주 높은 온도에서도 오링에 생긴 약간의 부식이 나타났다. 일곱 번의 사례를 다 살펴보아도 온도와 오링 부식의 통계적 관계를 발견하기 힘들었다. 이런 과정을 거치면서 오링 부식은 일상적인 것이 되었고, 챌린저호 발사 당일에 온도가 좀 낮아도 문제가 없다고 생각하게 되었다. 이것이 NASA나 타이어콜사의 임원들이 발사하는 날 낮은 기온을 우려한 엔지니어들의 반대에도 불구하고 발사를 강행했던 근거다.

다이앤 본은 160명의 챌린저호 관계자들을 인터뷰하고, NASA가 가지고 있던 12만 쪽의 자료를 전부 검토한 뒤에, NASA의 고위층은 규칙을 어긴 게 아니라 굉장히 충실히 따랐다는 결론을 내린다(Vaughan 1996). 앞에서 서술한 대로 본이 발견한 가장 중요한 사고 원인은 오링의 부식을 점차 수용할 만한 위험으로 받아들인 일탈의 정상화 과정이었다. 그리고 발사를 강행한 데 영향을 미친 NASA의 '생산량의 문화culture of production'라는 요소도 지적되었다. 발사 스케줄이 꽉 차 있는 상태에서 스케줄을 미루는 것은 거의 불가능하며, 특정한 상황에서 경비/스케줄/안전 사이에 타협을 이룰 때는 주로 안전을 조금 희생하는 쪽으로 결정이 이루어진다는 것이다. 그녀가 발견한 마지막 요소는 구조적 비밀주의structural secrecy다. 현장 엔지니어의 의견이 상부로 전달되면서 중요한 부분이 축소되었는데, 이런 의사소통 구조는 경영진에게 현장의 의견을 충분히 수렴했다는 인식을 심어주었지만, 실제로는 현장 의견의 중요한 부분들은 전달되지 않은 비밀주의를 낳았다. 본이 발견한 '일탈의 정상화', '산출의 문화', '구조적 비밀주의'는 안전을 생각하는 조직이 꼭 새겨야 할 중요한 지침이다.

본의 분석으로부터 얻을 수 있는 교훈은 무엇일까? 과학기술학자 윌리엄 린치William Lynch와 로널드 클라인Ronald Kline은 본의 분석이 공학윤리에 새로운 교훈적 의미를 제공한다고 해석했다(Lynch and Kline 2000). 기존의 공학윤리가 내부 고발자와 기업의 비윤리적 이윤 추구라는 두 가지 극단적인 사례를 통해 교육을 진행해 왔으나, 본의 연구는 "일상적인 기술적 실행의 맥락"을 고려한 사례를 통해 창의적인 대응 능력을 기를 수 있다는 것이다. 또한, 기존의 공학윤리는 개인이 위험을 인지하기 전에 이미 문화적 전례가 구축되는 실제적인 공학적 실행을 반영하지 못했고, 결과적으로 사후적인 도덕적 성찰에만 의존하는 문제가 있었는데, 본의 분석은 엔지니어들이 기술적 실행의 일상에서 수용 가능한 위험이 구성되는 방식에 민감해질 필요가 있다는 점을 지적하며, 잠재적 위험을 제거할 가능성을 열어준다는 것이다. 본의 분석을 활용한 STS 교육은 "위기의 윤리학"이 아닌 "예방의 윤리학"의 가능성을 열어준다. 이는 좋은 의도를 가진 경험 많고 정보가 풍부한 엔지니어들이 재앙으로 이어지는 일탈의 정상화를 방지할 수 있다는 점에서 중요하다. 현장에서의 기술적 관행, 조직의 역사와 문화, 비엔지니어인 경영자의 역할 등에 대한 새로운 이해는 공학윤리 교육과 실천을 더 의미 있는 방향으로 확장할 수 있는 가능성을 보여준다.

위험 사회 이론

위험과 재난은 조금 다른 개념이다. 위험은 아직 발생하지 않은, 잠재적인 재난으로 파악할 수 있다. 잠재적 실패latent failure 와 유사하다. 예를 들어, 한국의 원자력발전소는 '위험하다'라고 말하지, 한국의 원자력발전소는 '재난이다'라고는 잘 말하지 않는다. 한국 원자력발전소의 경우에 아직 큰 사고가 안 났지만, 사고가 날 확률이 있다는 의미에서 '위험'이라는 용어를 사용한다. 이렇게 아직 일어나지 않은 사고, 확률로만 존재하는 재난을 논할 때 위험이라는 말을 쓴다. 다른 예로, 후쿠시마 오염수의 방류는 '위험'하기에 막아야 한다고 하며, 2011년의 후쿠시마 원전의 방사능 유출을 이야기할 때는 재난이나 참사라는 말을 사용한다. 위험은 인식되고 정의되고 구성됨으로써 실재가 되는데, 어떤 경우에도 무엇이 '위험하다'라고 할 때 그

위험은 잠재적인 것임을 이해해야 한다. 따라서 '미세먼지가 건강에 위험하다'와 '대한민국의 미세먼지는 재난이다'라는 문장의 뜻에는 차이가 있다.

독일의 사회학자 울리히 벡Ulrich Beck은 20세기의 마지막 25년 사이에 자본주의사회가 산업사회에서 위험사회로 큰 변화를 겪었다고 주장했다. 대략 이 시기부터 유럽과 북미 등 선진국에 사는 사람들은 더 이상 노동계급에 의한 혁명을 두려워하지 않았지만, 대신에 산성비, 방사능, 화학약품, 약의 부작용, 환경오염, 독성 물질 유출, GMO, 기후위기 등을 두려워하면서 살게 되었다(Beck 1992). 과거 자본주의사회에서 살았던 사람들이 두려워한 계급 갈등과 혁명이 아니라 다른 위험을 두려워하기 시작한 것이다. 그는 이런 변화를 일차적 근대성에서 성찰적 근대성으로의 변화라고 파악했다. 이는 근대화를 이루었던 과학기술의 발전이 낳은 위험들이며, 사람들은 위험에 직면해 과학기술의 발전을 무조건적으로 긍정하는 대신, 성찰적 태도를 취하기 시작했다는 의미다. 이렇게 '위험'이 자본주의사회의 지배적인 특징이 되면서 사회를 유지하기 위해서는 계급이나 산업자본주의에 맞는 관료제와 같은 조직들보다, 위험에 대한 정보나 위험 커뮤니케이션 등이 더 중요해졌다.

전근대 사회와 산업사회에서 살았던 사람들은 태풍, 지진, 홍수, 가뭄, 산불 같은 자연재해를 두려워했지만, 위험사회에서 사는 사람들은 이런 자연재난을 어느 정도 극복한 상태에서 현대사회를 만든 인간의 결정들, 특히 과학기술의 결과물들을 두려워하고 있다. 그런데 우리가 미세먼지의 책임 소재를 둘러싼 논란에서도 볼 수 있었듯이, 위험사회론은 이런 위험의 책임 소재가 불분명하다는 사실을 지적한다. 벡은 위험의 책임이 누구에게 있는지 명확하지 않은 상황을 '조직화된 무책임organized irresponsibility'이라고 명명했다. 이런 조직화된 무책임을 강화하는 또 다른 위험의 특성은 많은 위험이 국가의 경계를 넘나드는 글로벌한 성격을 지니고 있다는 사실이다(Beck 2000).

벡은 "빈곤은 위계적이고, 스모그는 민주적이다Poverty is hierarchic, smog is democratic"라고 하면서, 위험을 둘러싼 갈등이 자본주의의 계급 갈등과 다름을 강조한다(Beck 1992). 산성비나 방사능은 계급과 무관하게 누구에게나 공평하게 위해를 가한다는 말이었다. 하지만 실제로 위험 자체도 불균등하게 배분된다. 예를 들어, 모두가 미세먼지에 노출되어도 어떤 이들은 더 쾌적한 환경에서 여과된 공기를 마시면서 살 수 있는 반면, 어떤 사람들은 그러지 못한다. 원전에서 발생하는 방사능이 갑상선암을 증가시키는 위험의 소지가 있는가가 논란의 대상이지만, 거주지를 옮기지 못하고 원자력발전소 옆에서 살아야 하는 사람들이 있고, 원전의 위험에서 멀리 떨어져 살면서 그 혜택만 받는 사람들도 있다. 재난도 불평등이 존재하듯이, 위험도 불평등이 존재한다.

벡도 자신의 입장에 대한 비판을 알고 있었고, 2010년의 논문에서는 "기후변화는 위계적인 동시에 민주적이다"라고 주장했다(Beck

2010). 위험에 위계적이고 계급적인 불평등이 존재하는 사실을 인정하면서도, 지구 전체의 위기가 심각해지면 부자나 권력자도 이것을 피할 확률이 줄어든다는 의미에서 기후 위기는 위계적인 동시에 민주적이라고 주장했다. 벡은 이런 위기를 극복하기 위해서는 모든 국가, 모든 종교 집단, 모든 인종, 모든 계급이 생존하고 문명을 보호하는 긴급 명령하에 하나의 공동체를 만들어야 한다고 주장하면서, 이런 입장을 세계주의cosmopolitanism라고 명명했다(Beck and Sznaider 2010).

위험에 대한 커뮤니케이션이나 위험 관리가 잘 안 되면 사람들은 패닉에 빠지면서, 위험이 사회 전체를 재난 상황으로 몰아갈 수 있다. 2008년에 수입이 결정된 미국산 소고기가 광우병을 유발할 수 있을 정도로 위험한가 아닌가를 둘러싸고 벌어진 논쟁은 한국 사회 전체를 거의 사회재난의 상태로 몰고 갔다. 2023년에는 후쿠시마 오염수 방류의 위험을 둘러싸고 거의 사회적 혼란에 가까울 정도로 전문가들 사이에 큰 의견 차이가 발생했다. 위험이 재난과 동일한 것은 아니지만, 항공기의 위험은 항공기 참사로 이어질 수 있고, 핵폐기물의 위험은 핵폐기물에 의한 참사를 낳을 수 있다. 따라서 과학기술이 낳는 위험도 심층적인 분석과 이해가 필요하다. 이런 취지에서 이 책의 부록 1에는 기술위험에 대한 필자의 정리를, 부록 2에는 후쿠시마 오염수 방출의 위험을 놓고 벌어진 전문가들 사이의 논쟁을 분석한 필자의 글을 실었다.

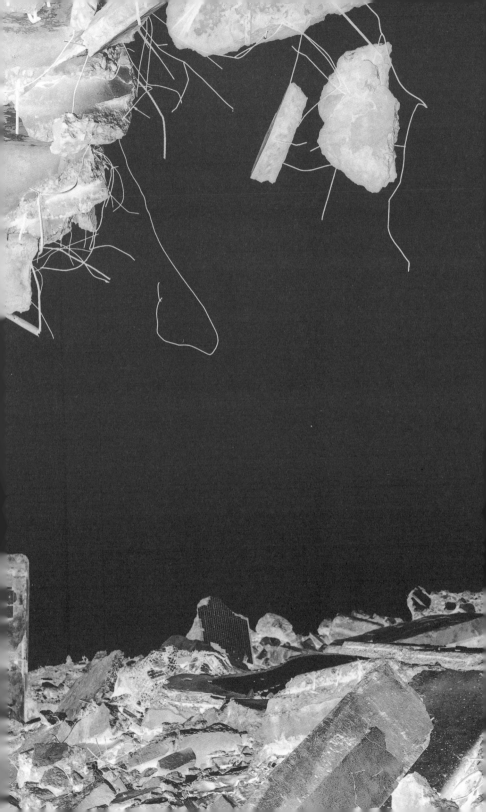

4장

기술재난과 과학기술학

과학기술학은 과학기술과 사회의 상호작용을 분석 대상으로 삼는다. 과학기술학자는 잘 작동하는 기술 시스템을 분석 대상으로 삼는 경우가 많지만, 어떤 때는 거대 기술이 갑자기 고장 나거나 무너지는 상황을 다루기도 한다. 따라서 이런 기술 시스템의 붕괴를 다루는 과학기술학이 재난학^{disaster studies}에 기여할 수 있는 부분이 있다. 게다가 과학기술학은 자연과 사회를 얽혀 있는 범주로 봄으로써, 재난을 경감·관리하는 수단으로 사용되는 과학기술이 재난을 낳는 방식에 대한 통찰을 제공할 수 있다. 또 미래의 기후 재난과 같이 재난 관리에 위험 관리 기법이 도입되는 영역이 있는데, 과학기술학은 기술위험에 관한 연구로부터 얻은 이해를 바탕으로 재난 관리에 일부 동참할 수 있다.

반대로 재난이 과학기술학에 제공하는 통찰도 있다. 과학기술학은 전체적으로 어떤 기술 시스템의 점진적 변화와 확산, 안정화된 네트워크 등에 주목하지만, 재난은 이런 시스템에 갑자기 생긴 손상dysfunction인 경우가 많다. 따라서 재난에 주목하면 시스템의 안정성만이 아니라 시스템의 고장이나 붕괴 같은 손상이 드러난다. 이런 이유로 기술-사회의 관계를 연구하는 STS 학자들은 재난에 관심을 가짐으로써 새로운 연구 주제는 물론 과학기술과 사회의 관계에도 신선한 통찰을 얻을 수 있다.

그동안 기술재난에 관한 가장 영향력 있는 이론은 찰스 페로의 정상 사고 이론이었다. 그런데 STS 학자들은 최근 들어 정상 사고 이론을 넘어서는 새로운 이론을 제시하고 있다. 그중 하나는 잘 알지 못하던 독성 물질이나 환경오염에 의해 재난이 서서히 모습을 드러내는 느린 재난slow disaster이다. 재난에는 지진이나 비행기 추락 사고처럼 순식간에 일어나는 빠른 재난quick disaster이 있는 반면, 10년이 넘는 시간 동안 독성이 축적되어 천천히 나타나는 느린 재난도 있다는 것이다. 또 환경과 기술이 얽혀서 나타나며, 환경과 기술의 결합체를 고려해야 파악할 수 있는 재난도 있는데, 이를 환경기술재난envirotechnical disaster이라고 개념화할 수 있다. 특정한 사회구조 속에서 잉태되는 구조적 재난structural disaster도 있고, 재난이 낳은 재난 기술정치disaster technopolitics도 존재한다. 이번 장에서는 이처럼 흥미로운 통찰을 제공하는 STS 연구를 하나씩 살펴볼 것이다.

느린 재난

과학기술사를 연구하는 역사학자 조엘 타르$^{Joel Tarr}$는 피츠버그의 상하수도 시스템에 관해 연구하면서 느린 재난의 전형적인 사례를 발견했다. 피츠버그 시는 19세기 말 도시의 순환 문제를 해결하기 위해 현대식 하수 시스템을 만들었다. 그런데 시스템 설계의 사소한 실수 때문에 하수 중 일부가 피츠버그 시민들이 먹는 상수원으로 흘러 들어갔다. 이를 알지 못한 채로 오랜 시간이 지났는데, 깨끗한 물을 사 먹거나 물을 끓여 먹던 중산층 이상의 시민들은 대부분 괜찮았지만, 수돗물을 직접 먹었던 수많은 이민자와 노동자 계층은 장티푸스로 사망하게 되었다(Tarr 2002). 시에서는 물을 끓여 먹으라고 안내했지만, 이런 메시지가 하층민까지 잘 전달되지 않았던 것이다. 장티푸스 사망자가 다른 도시의 세 배에 달했지만, 피츠버그 시는 당시 오랫동안 그 이유를 알지 못했다. 피해는 수십 년에 걸쳐서 일어났으며, 시간이 한참 지나서야 그 이유를 알고 시스템을 개선하게 되었다. 하지만 이미 그때는 수많은 사망자가 나온 뒤였다. 이는 대표적인 느린 재난의 사례다. 재난은 계속 일어나고 있는데 사람들이 눈치채지 못하고 넘어가는 것이다.

느린 재난이라는 개념은 미국의 인문학자 롭 닉슨$^{Rob Nixon}$의 느린 폭력$^{slow violence}$이라는 개념에서 연유했다. 롭 닉슨은 『느린 폭력과 빈자의 환경주의$^{Slow Violence and the Environmentalism of the Poor}$』에서 사회적 약자가 눈에 보이는 폭력만이 아니라 눈에 보이지 않는 느린 폭력에 노출되어 고통을 받는다고 강조했다(Nixon 2011). 거주지 주변의 환경오염, 장기적 공해, 기후 위기 등이 모두 이런 느린 폭력의 사례이며, 닉슨은 미국의 경우 이런 폭력이 인종차별적으로 주로 흑인 집단에 가해짐을 보였다. 느린 폭력은 재난의 형태로 드러나는 것도 있지만 그러지 않은 것도 있다. 예를 들어, 여성에게 가해지는 남성의 폭력이나 소수 집단에 가해지는 경찰의 폭력은 느린 폭력의 형태를 띠지만, 재난의 모습으로 나타나지는 않는다.

독성 물질 유출, 침출수浸出水, 만성 노출, 인프라 부식, 해양 산성화, 기후변화가 유발하는 피해는 느린 재난이다. 이러한 피해는 형체가 없고 규제 지표를 통해 쉽게 드러나지 않는다. 규모가 너무 크거나 작아서 직접 관찰하기 어렵고, 가시적으로 쉽게 드러나지 않는다는 특징이 있다. 앞에서도 언급했지만, 이런 재난을 당한 공동체는 피해의 모호성 때문에 오염원이 밝혀지고 철거된 뒤에도 한참 동안 건강 피해의 트라우마 속에서 살아간다. 파괴된 공동체는 여간해서는 복구되지 않고, 이어지는 법적 소송 속에서 피해자들은 서로를 비난하는 경우도 많다.

한국의 사례로는 석면에 의한 건강 피해, 가습기살균제 참사가 느린 재난의 성격을 띠고 있다고 지적되었다(Kang 2021; 임기홍 2020). 재난 수준의 한국 미세먼지에 관해 연구한 과학기술학자 김주희는 인과관계를 바로 추적하기 어렵고 측정 방법과 모델링에 따라서 다른 결과가 나오는 미세먼지가 느린 재난의 성격을 띠고 있다고 해석한다(김주희 2024). 미세먼지의 성격 때문에 미세먼지를 둘러싼 소송은 항상 원인을 따지지 못해 오염 발생원의 책임을 묻기 힘들다. 김주희는 느린 재난의 경우에 법적 소송 같은 '근대적인' 해결책 외에 다른 거버넌스가 상상되어야 한다고 강조한다. 대부분 느린 재난의 경우 그 영향이 축적되어 상당한 시간이 지난 뒤부터 피해자가 발생하고, 원인을 차단한 뒤에도 계속 피해가 누적되는 특성을 보인다. 이에 대한 해법은 재난 연구자는 물론 시민사회가 함께 머리를 맞대고 풀어야 할 어려운 문제다.

환경기술재난

환경기술재난은 후쿠시마 참사를 이해하기 위해 만들어진 개념이다. 후쿠시마 원자력발전소라는 기술은 인접한 바다라는 환경과 연결된 집합체로 보아야 더 잘 이해되기 때문이다. 기술과 환경을 따로따로 보는 대신, 이 둘이 하나가 된 환경기술 시스템envirotechnical system을 보아야 후쿠시마 원자력발전소를 제대로 이해할 수 있다. 이런 서술이 타당하다면 후쿠시마 원전 참사는 환경기술재난이라고 명명할 수 있다(Pritchard 2012).

원래 후쿠시마 원자력발전소가 들어서기로 예정된 곳은 해발 35미터 높이에 위치한 다이이치 절벽 위 부지였다. 이곳에 그대로 발전소를 지었다면 2011년 쓰나미에도 아무 문제가 없었을 것이 거의 확실하다. 그런데 도쿄전력 측은 이를 깎아 해발 10미터로 만든 뒤 원전을 지었다. 이렇게 고도를 낮춘 가장 큰 이유는 발전소에서 바닷물을 쉽게 이용할 수 있게 하려는 데 있었다. 발전소는 바닷속에 펌프를 설치해 바닷물을 끌어 냉각수로 사용했다. 그런데 이러면서 발전기와 배터리를 지하에 두는 방식으로 원전 설계에 중요한 변화가 생겼다. 당시 계산된 가장 높은 쓰나미가 9미터인 데 비해 발전소는 해발 10미터에 위치했기 때문에 안전하다고 생각했다. 나중에 이런 배치가 위험할 수 있다는 경고가 있었지만 무시되었다. 2011년 후쿠시마 원전 참사는 진도 9.0의 지진이 일으킨 13미터 높이의 쓰나미가 전력 공급이 끊긴 발전소를 덮쳐 보조 발전기와 배터리를 침수시키면서 발생했다.

2011년 후쿠시마 원전 사고 이후에도 과열된 노심을 식히는 데 바닷물이 이용되었다. 그런데 원전에 쏟아부은 바닷물이 더 많은 증기를 발생시켜 노심 온도를 올리고, 기화한 바닷물은 방사능에 오염되어 바람을 타고 확산되었다. 기화하지 않은 바닷물은 방사능에 오염된 채로 발전소 내에 축적되었다. 나중에 이를 저장 탱크에 담았지만, 몇 년이 경과하면서 원자력발전소 내에는 빗물이 계속 축적되고 탱크들은 포화 상태에 이르렀다. 결국 2023년에 여과 시설을 이용해 거른 오염수를 태평양으로 방출하기 시작했으며, 이때문에 한국이나 중국과 같은 인접 국가들로부터 강한 비판과 비난을 받기도 했다.

앞에서도 보았듯이 후쿠시마 참사는 지진과 쓰나미라는 자연재난이 노심용융이라는 기술재난을 낳은 자연기술재난이었다. 그런데 후쿠시마의 원전을 자세히 분석해 보면, 원전은 바다와 결합한 하나의 시스템을 이루고 있었다. 바닷물을 쉽게 사용하기 위해 발전소를 낮은 고도에 건설했고, 그래서 보조 발전기와 배터리가 안전하지 못한 지하에 위치했으며, 원전은 찬 바닷물을 끌어와 뜨거운 원자로를 냉각시키고 뜨거워진 냉각수를 다시 바다에 버리는 방식으로 작동되었다. 후쿠시마 원전은 기술과 바닷물이라는 환경의 복합체였고, 사고 후에 배출된 오염수는 주변 바다는 물론 먼 바다에 이르기까지 환경을 오염시켰다. 후쿠시마 참사는 자연과 기술이 결합한 환경기술 복합체에 발생한 재난이었다.

구조적 재난

구조적 재난은 일본의 사회학자이자 STS 연구자인 미와오 마쓰모토Miwao Matsumoto가 제시한 개념이다. 그는 과학-기술-사회 인터페이스의 유사한 유형의 실패가 반복적으로 발생하는 것에 대한 사회학적 설명을 제공하기 위해 구조적 재난이라는 개념을 고안했다. 특히, 구조적 재난은 바람직하지 않은 큰 실패가 발생했지만, 이에 책임지거나, 책임을 배분하거나, 구제책을 처방할 주체가 단 한 명도 없는 일본의 상황에 초점을 맞춘 개념이다(Matsumoto 2013).

마쓰모토는 1920년대 일본 해군에서 개발한 칸폰형$^{Kanpon\ type}$ 터빈 엔진의 실패 역사를 연구했다. 이 터빈 엔진은 서양의 기술에 의존한 것이 아니라 일본이 자체적으로 개발했다는 점에서 일본 군부의 위대한 업적으로 선전되었다. 그런데 1930년대에 터빈 날^{blade}이 잘려 나가는 문제가 계속해서 여러 차례 발생했다. 하지만 이미 터빈이 엄청난 업적으로 선전되었기 때문에, 이런 실패 사례는 은폐되고 그 원인에 대한 분석도 비밀에 부쳐진다. 따라서 개선책이나 분석할 기회를 얻지 못한 채로 일본은 제2차세계대전에 참전했고, 전쟁 중에도 유사한 실패를 계속 경험했다. 결국 1943년에야 원인을 규명할 수 있게 되었는데, 돌이켜 보면 원인을 알 수 있는 기회가 있었는데도 오랫동안 규명에 실패한 것이다. 마쓰모토는 그 이유를 구조적으로 통합된 것처럼 보이는 군부, 대학, 산업이라는 조직이 기능적으로 각각 분리된 상태로 돌아갔다는 사실에서 찾는다. 각 조직은 협력해 원인을 규명하는 작업을 선택하기보다 문제를 드러내지 않음으로써 군부의 체면을 살리는 쪽을 선택한 것이다. 이것이 터빈의 실패를 조기에 규명하지 못한 원인이었다.

마쓰모토는 시간이 한참 지난 2011년의 후쿠시마 원전 사고에서도 비슷한 구조적 특성을 찾아냈다. 후쿠시마 원전 사고 직전, 일본 사회에서 과학기술과 사회는 매우 잘 통합된 것처럼 보였다. 과학 커뮤니케이션에 대한 지원도, 이 분야의 연구도 활발하게 이루어졌다. 일본에도 한국의 과학기술기본법과 비슷한 것이 있었는데, 이 기본법에 과학 커뮤니케이션에 대한 지원을 일본 정부와 대학이 협력해 촉진한다는 정책을 명시하기도 했다. 일본 대학에서 과학 커뮤니케이션 학과를 세우면 그 예산의 절반을 대학이 내고 나머지 절반은 정부가 지원하게 되어 일본 전역의 여러 대학에 과학 커뮤니케이션 학과가 생기기도 했다. 이렇게 2011년 직전에 일본에서 적어도 겉으로는 과학-기술-사회의 통합이 잘 이루어진 것처럼 보였다.

그러나 이런 통합은 표피적인 것에 불과했다. 내부를 보면 원자력에 대한 정보와 결정은 도쿄전력 같은 원자력촌原子力村, nuclear village (한국의 원자력 마피아와 비슷한 개념. 원전의 지식, 건설, 평가, 안전 등을 하나의 촌락이 독점한다는 의미)에 의해 독점된 상태였다. 과학 커뮤니케이션 학자들은 과학 카페 등을 만들어 과학기술을 주제로 시민과의 대화의 장을 만들었지만, 비밀주의를 엄수하는 원자력촌이 독점한 정보에 접근하기는 힘들었다. 마쓰모토는 이런 독점과 비밀주의가 1930년대 일본 해군의 비밀주의와 매우 유사한 상황이었다고 보았으며, 넓게 봤을 때 일본의 과학-기술-사회 문제가 후쿠시마 참사를 낳은 구조적 원인이라고 주장했다. 그의 구조적 재난 모델은 비슷한 재난이 한 사회에서 반복적으로 발생할 수 있는 경우를 이해하는데 유용한 이론이다.

재난 기술정치

네덜란드의 STS 연구자 위비 E. 바이커Wiebe E. Bijker는 네덜란드의
사례를 통해 '재난 기술정치disaster technopolitics'라는 개념을 제시했다
(Bijker 2002). 잘 알려져 있다시피 네덜란드는 해수면보다 낮은 삼각
주delta에 자리해, 오래전부터 바닷물의 범람 피해를 입어오던 나라
다. 네덜란드인들은 피해를 막기 위해 댐과 둑을 쌓고 운하를 만드
는 일 역시 오래전부터 수행해 왔다. "신은 세상을 만들었지만, 네덜
란드인은 네덜란드를 만들었다"라는 구절은 네덜란드를 상징하는
문구다. 해수면보다 낮은 지역에 댐과 둑을 쌓아 바다의 범람을 막
고 지금의 나라를 구축했기 때문이다.

　네덜란드의 역사에서는 숱한 홍수와 범람이 있었다. 20세기에도
1953년의 대홍수로 1,835명이 사망하고, 수십만 명의 이재민이 생
기는 재난이 발발했다. 이때 홍수의 재발을 막기 위해 델타 계획Delta
Plan이 수립된다. 조수 유입구를 방조제로 모두 막는 계획이었다. 과
학자와 수력 공학자의 협력 작업이 이루어졌고, 이를 수행한 팀을
델타 학파Delta School라고 불렀다. 이들은 1960년대와 1970년대를
거치며 처음에는 불가능하다고 여겨진 조수 유출구들을 모두 막는
데 성공했다. 마지막으로 길이 9킬로미터, 수심 20~40미터, 10억 톤
의 물이 왕복하는 유출구 오스터셸데Oosterschelde에 제방을 쌓았다.
오스터셸데커링Oosterscheldekering (kering은 '제방'을 뜻함)이라 불린 9킬로

미터짜리 이 제방은 델타 계획의 핵심이자 기술적으로 가장 어려운 부분이었다. 하지만 네덜란드의 엔지니어들은 각고의 노력 끝에 이 어려운 제방을 만드는 데 성공했다.

공사를 진행할 때는 내륙으로 들어오는 바닷물을 막는 게 1순위 목표였다. 그런데 이후에 조수 생태tidal ecology에 대한 인식이 확장되면서 조수의 유입에 대한 생태학적 중요성이 다시 부각되었다. 동시에 민물을 이용하는 농업의 중요성이 줄어들기 시작했다. 이런 상황의 변화는 바닷물의 유입을 막는 방조제 자체의 중요성을 예전보다 경감시켰다. 즉, 바닷물을 완전히 막아두어서는 안 된다는 견해가 힘을 얻음으로써 이를 포함하기 위한 여러 개선안이 논의되었고, 방조제의 수문을 일부 열어놓고 태풍으로 인한 홍수가 심할 때만 닫는다는 식의 타협점이 나오게 되었다. 상황의 변화가 생기면서 정부가 아닌 공사를 담당하는 민간 기업의 역할이 중요해졌다. 결국 기존 방조제를 보수하기 시작했고, 다시 어려운 공사 끝에 문을 여닫는 방조제가 1986년에 완공되었다.

바이커는 이 과정을 재난이 유도한 기술정치라고 개념화한다. 처음에는 재난을 막는 용도로 어려운 과정을 거쳐 방조제라는 기술을 완성했지만, 기술 자체가 새로운 정치적 논쟁을 불러일으켰고, 이런 정치적 이견들을 합의하는 과정에서 새로운 재난 관리가 등장했다는 것이다. 이 사례는 사회 구성원들의 삶에 영향을 미치는 재난 관리와 기술이 서로를 구성하면서 예상치 못한 방향으로 발전했음

을 보여준다. 재난 관리는 기술적이면서도 정치적이고, 이 둘의 상
호작용이 만들어 내는 기술과 정치의 예기치 않은 궤적에 유연하게
대처할 필요가 있다.

조사위원회의 역할에 대한 STS의 관점

STS 연구자 스티븐 힐가트너Stephen Hilgartner는 STS의 관점에서 본
재난에 대한 이해를 일곱 가지로 정리했다(Hilgartner 2007). 그가 정리
한 일곱 가지 이해는 재난의 본성이나 원인만이 아니라, 재난을 극
복하고 우리 삶의 일부로 포함하는 데 필요한 재난 조사와 이를 담
당하는 조사위원회의 역할과 중요성을 강조하고 있다. 특히 네 번
째와 다섯 번째 요소에서 보듯이, 힐가트너는 재난에 대한 공통의
서사와 담론을 만듦으로써 담론적인 질서를 회복하는 과정의 중
요성과, 재난조사위원회에 의해 재난을 안심할 수 있는 스토리라
인storyline에 포함하는 노력의 중요성을 언급한다. 물리적 세계가 복
구되는 것과 함께 재난을 당한 공동체의 정신적 세계 역시 복구되어
야 하며, 재난조사위원회는 이런 역할까지도 담당해야 한다.

[더 읽어보기]
힐가트너가 정리한 과학기술학의 창을 통한 재난 이해
첫째, 발전한 현대사회에서는 자연재해가 아니라 사회기술적

재해만 존재한다.

둘째, 현 세상에서 질서 잡히고 통제할 수 있는 사회기술 시스템이라는 이상은 정치적 정당화에 결정적으로 중요하다.

셋째, 재난은 이런 질서 잡힌 시스템의 통제라는 이상을 근본적으로 교란하는 집단적 경험을 창출한다.

넷째, 정부 관료와 시민은 질서를 확립하는 것을 가장 우선순위에 두지만, 여기에는 통제를 회복하고 사람을 구하는 것만이 아니라 담론적으로 질서를 회복하는 것까지 포함한다. 사회가 어떤 식으로 재난에 대한 담론을 만들어 가는지도 재난 극복 과정에서 중요한 요소다.

다섯째, 공공 조사는 재난을 안심할 수 있는 스토리라인에 포함시키려는 노력에서 중요한 역할을 차지한다. 추상적인 의미에서 스토리라인의 과정은 "위반 → 분열 → 위기 → 구원 → (구원의 성공 여부에 따라서) 재통합 또는 지속적 분열"이라는 인류학자 빅터 터너Victor Turner의 '사회적 드라마social drama'의 구조를 따른다(Turner 1980). 만일 재통합이 이루어지면, 재난이라는 큰 사건을 통해 공동체가 다시 회복성을 갖고, 힘을 합칠 수 있는 계기가 되는 것이다. 반면, 통합되지 않으면 사회가 더 분열하는 쪽으로 나가는 구조를 갖게 된다.*

여섯째, 조사 과정은 재난에 대한 인과적·도덕적 책임을 어떻게 프레임할 것인가를 놓고 경합하는 형태를 보인다.**

일곱째, 재난 이후의 갈등에서 가장 중요한 포석은 조사 과정이 어떤 질문을 다룰 것인가, 그에 대한 증거는 무엇인가에 대해 영향을 미치는 것이다.

기술재난을 오랫동안 연구하고 실제로 재난 조사에 참여한 사회학자 박상은은 재난을 마주하는 우리가 시스템의 실패인 재난으로부터 배우는 것과, 재난 조사의 실패로부터 배우는 것의 이중적 숙제를 풀어야 한다고 본다. 재난 조사에는 1) 시스템 실패의 원인 찾아내기, 2) 책임 배분하기, 3) 교훈 도출하기, 4) 공동의 서사와 공동의 기억 만들기라는 네 가지 목표가 있는데, 한국의 재난조사위원회는 이 역할을 적절하게 수행하지 못하는 경우가 많기 때문이다(박상은 2024).

박상은은 세월호 재난 조사를 사례로 드는데, 2015년부터 시작한 세월호 재난 조사***는 우선 시스템 실패의 원인을 찾는 과정에서 잠수함 같은 외력의 존재를 입증하려는 시도 때문에 조사 자체

---

* 앞에서 자연재난과 기술재난의 차이를 논할 때 살펴보았지만, 기술재난은 자연재난보다 사회적 재통합이 더 어렵다. 자연재난은 공동체 구성원이 피해를 극복하는 과정에서 서로 돕고 의지하면서 공동체의 결속력이 더 강화되지만, 기술재난은 책임과 보상을 둘러싸고 사회 공동체 구성원이 분열되며, 유가족이나 피해자는 책임 배분이나 피해 보상이 충분히 이루어지지 못했다고 느끼는 경우가 대부분이다.
** 다음 장에서 살펴보겠지만, 한국에서 발생한 주요 기술재난은 모두 이러한 종류의 갈등을 낳았다.
*** 세월호 참사는 4·16세월호참사특별조사위원회(특조위, 2015-2016), 세월호선체조사위원회(선조위, 2017-2018), 사회적참사특별조사위원회(사참위, 2018-2022) 등 세 재난조사위원회에서 다루어졌다.

가 지연되었을 뿐만 아니라, 조사위원회의 활동 중에서 유독 원인과 의혹을 밝히려는 데 많은 시간과 노력이 투입되었다. 재난의 원인에는 기술적 원인, 사회적 원인, 제도적 원인 등이 있고, 기술적 원인과 함께 재난을 낳을 수 있는 '잠재적 조건'에 해당하는 사회적 원인과 제도적 원인 등을 함께 조사해야 한다. 그런데 세월호 참사의 조사는 배가 뒤집힌 원인이 솔레노이드 밸브 고장 같은 '내인설'인가, 아니면 괴물체의 충돌 같은 '외력설'인가를 놓고 오락가락했다. 외력설을 주장한 사람들은 참사의 원인이 외력에 있다면 제도적인 원인이나 사회적인 원인을 찾는 노력은 존재하지도 않는 원인을 만드는 것에 불과한 헛수고로 생각했던 것 같다. 재난의 원인에 대한 조사는 조사가 진행되면서 기술적 원인에서 더 넓은 사회적·제도적 원인으로 확대되어야 하는데, 세월호 조사는 이런 과정과는 정반대의 과정을 겪었다.

재난에 대한 국가 책임은 법적 책임, 정치적 책임, 제도적 책임 등으로 구성되는데, 세월호 재난 조사는 그중 유독 책임자 처벌이라는 법적 책임에 집중했다. 법적 책임은 관련 공무원의 책임을 물어 처벌하고 국가 배상을 끌어내는 것이 주를 이루는데, 이에 집중하다 보니 정치인의 공식 사과 같은 정치적 책임에 대한 인식이나 재발 방지 대책 마련 같은 제도적 책임에 대한 규명은 상대적으로 축소되었다. 게다가 법정에서 무죄를 받으면 마치 아무런 사회적·도덕적·정치적 책임이 없는 것과 같은 문화도 만들어졌다.

교훈 도출의 역할을 담당한다고 할 수 있는 조사위원회의 권고 사항들도 실질적인 권위와 실행력을 갖지 못했으며, 침몰 원인에 대한 두 가지 주장을 담은 세월호선체조사위원회의 보고서나 모호한 입장을 표명한 사회적참사특별조사위원회의 보고서는 시민 전체가 공유할 수 있는 공동의 서사와 기억을 만들기에는 역부족이었다(전치형 2024). 이와 같은 실패를 반복하지 않기 위해 전문가와 시민, 정치인 모두가 재난 조사의 의의와 조사위원회의 역할을 곱씹어 봐야 한다.* 이런 성찰은 세월호 참사, 가습기살균제 참사의 조사처럼 기존의 재난 조사가 왜 충분히 성공적이지 못했는가에 대한 분석과 이해, 조사위원회의 바람직한 구성 방식, 조사위원회의 조사와 사법적 판단 사이의 관계와 조정, 사회적·제도적 책임과 재발 방지 노력의 구체적 형태, 재난의 슬픔과 교훈을 공유하면서 더 안전한 사회로 나아가기 위해 애쓰는 재난 공동체를 만들 수 있는 실천적 방식에 대한 고민을 포함해야 한다.

* 한국의 재난조사위원회는 전문가들로 구성되어 있는 경우에도 정당의 추천을 받아 위원을 임명할 때가 많다. 이는 과거사진상규명위원회 같은 인권위원회가 구성되는 방식인데, 이런 방식이 과거사위원회에는 적절할 수 있어도 재난조사위원회에는 적절하지 못하다. 세월호 선체조사위원회는 여당, 야당, 유가족의 추천을 받아 전문가들의 위원회가 구성되었는데, 이들은 자신을 추천한 정당이나 유가족의 입장과 기대에서 크게 벗어난 견해를 밝힐 수 없다는 한계가 있었다.

5장

기술재난의
사례들

이번 장에서는 해외와 국내의 대표적인 기술재난의 사례들을 다룬다. 우리는 이미 2장에서 버팔로 크릭 참사, 망원동 유수지 사고, 포항 지진, 후쿠시마 원전 참사 등을 분석했다. 3장에서는 기술재난 이론을 설명하면서 스리마일섬 원전 사고, 블랙호크 격추 사건, 챌린저호 폭발 참사 등을 살펴보았다. 이번 장에서는 2장과 3장에서 다루지 못했던 다양한 사례를 살펴보면서 기술재난의 속성을 파헤쳐 볼 것이다.

허리케인 카트리나 참사

2005년 8월 29일, 미국의 뉴올리언스시를 덮친 허리케인 카트리나$^{\text{Hurricane Katrina}}$는 제방을 무너뜨려 약 1,200명을 죽게 하고, 뉴올리언스의 절반 이상을 물에 잠기게 했다. 참사 이후 뉴올리언스를 떠나는 사람들이 늘어 한때 도시의 인구는 절반으로 줄어들었다. 또한, 사망자나 이재민이 가난한 흑인, 그중에서도 노인에 많이 집중되었기 때문에 '재난 불평등'도 큰 논란의 대상이 되었다.

[그림 11] 허리케인 카트리나로 홍수 피해를 입은 뉴올리언스(2005).

이 참사는 자연재난인지 사회재난인지 판단하기 쉽지 않은 사례였다. 뉴올리언스는 특히 태풍과 홍수에 취약했고, 2005년 카트리나에 의한 홍수도 첫눈에 자연재난처럼 보였기 때문이다. 하지만 자연재해가 아니라 인재라는 주장이 계속 제기되었는데, 참사가 발생하고 10년 뒤인 2015년에 미국 오바마 대통령이 "자연재해로 시작된 이 사건은 정부가 자국민을 보호하지 못한 인재가 되어버렸습니다"라고 정부의 잘못을 공식적으로 인정했다.

뉴올리언스는 해수면보다 낮게 위치한 지역이다. 구불구불한 미시시피강을 끼고 있고, 태풍은 3년에 두 번꼴로 피해를 준다. 태풍이 오면 바닷물이 미시시피강으로 유입되고 강물을 넘치게 해 피해를 키우기도 한다. 이처럼 바닷물과 강물이 넘치는 취약한 지역에 위치하기 때문에, 뉴올리언스시는 이미 200년 전부터 미시시피강 주변에 둑을 쌓아 태풍과 홍수에 대비했다. 1965년, 허리케인 벳시^{Besty}로 도시가 침수하자 미국 공병대가 투입되어 인공 제방을 설치했다. 1998년에 태풍이 한 번 더 덮치자, 공병대는 이 제방을 보강했다. 뉴올리언스의 시민들은 이렇게 미 공병대가 쌓고 보강한 인공 제방이 안전하다고 믿고 있었다.

제방 바로 옆에는 주로 가난한 흑인들이 거주 지역을 만들어 살았다. 백인들은 상대적으로 지대가 높은 지역에 거주했다. 그러다가 2005년에 허리케인 카트리나가 와서 제방에 물이 가득 찼는데, 이 제방이 붕괴해 도시의 낮은 지역 주택가 대부분이 침수되었다.

실제로 카트리나 이후의 조사에 따르면, 허리케인에 의한 직접적인 피해보다 1965년 이후에 쌓은 인공 제방의 붕괴가 도시의 침수와 인명 피해에 더 치명적이었다.

특히 눈에 띄는 붕괴는 17번가 운하, 런던 애비뉴 운하, 인더스트리얼 운하에서 발생했다. 이는 뉴올리언스의 여러 지역, 특히 로어 나인스 워드와 뉴올리언스 동부 지역의 재앙적인 홍수로 이어졌다. 그중에서도 뉴올리언스의 가장 중요한 수로인 17번째 거리의 운하 주위에 설치한 제방의 붕괴가 유독 심각하고 치명적이었다. 이 제방은 널말뚝sheet pile을 I자 형태로 박은 것이었다. 제방에 박은 널말뚝은 공병대가 기존의 설계대로 17피트(약 518센티미터) 깊이로 박았는데, 나중에 조사해 보니 31~46피트(약 945~1402센티미터)를 박아야 안전하다는 사실이 밝혀졌다. 당시 공병대의 계산 실수로 17피트로 계산한 것이다. 결국 이 널말뚝은 불어난 강물을 지탱해 줄 수 있을 정도로 깊지 않았고, 운하의 물이 넘치면서 무너졌다(Sills et al. 2008). 1980년대에 공병 엔지니어들이 시행한 널말뚝 부하 시험 결과에 대해 사소한 계산 실수를 한 것이 그대로 기록되었고, 이것이 제방의 건설로 이어지면서 카트리나 참사를 낳았다. 참사 이후 I자 형태였던 널말뚝은 더욱 견고한 T자 형태로 바뀌었다.

그런데 이후 재판이 진행되면서 다른 환경적인 원인이 등장했다. 초기 조사는 부실한 제방 건설에 초점을 맞췄는데, 점차 미시시피 강-걸프 아웃렛Mississippi River-Gulf Outlet, MR-GO 수로의 역할이 중요한 요인으로 부상했다(Shrum 2014). MR-GO는 1950년대와 1960년대에 멕시코만과 뉴올리언스 항구 사이의 더 짧은 경로를 제공해 해상 무역을 촉진하기 위해 미육군공병단이 건설한 76마일(122킬로미터) 길이의 인공 수로였다. 그러나 시간이 지나면서 MR-GO를 통해 멕시코만의 염수가 뉴올리언스 주변의 담수 습지에 깊숙이 침투했고, 이는 허리케인과 폭풍 해일에 대한 자연 방어를 약화해 도시를 홍수에 더 취약하게 만들었다. 특히 허리케인 카트리나가 발생했을 때 MR-GO는 폭풍 해일을 뉴올리언스 중심부로 직접 유도해 제방 붕괴와 도시 동부 지역의 홍수에 크게 기여한 사실이 조사 결과 드러났다. 제방의 취약한 널말뚝이 아니라 오랫동안 누적된 환경적 요인이 카트리나 참사의 원인이었다. 법적 판결은 MR-GO의 유지 관리 실패가 제방 붕괴의 중요한 원인이라고 결론지어, 결국 미육군공병단이 재앙적인 홍수에 대한 책임을 지게 되었다. 2009년에 MR-GO는 폐쇄되었고, 도시에 새겨진 참사의 상처가 어느 정도 아무는 데는 10년이 넘는 시간이 흘러야 했다.

보팔 참사

1984년 12월 2일 밤부터 다음 날 아침까지 인도 보팔에서 발생한 '보팔 참사'는 가장 끔찍한 기술재난의 사례다. 그날 밤, 미국 다국적 기업인 유니언카바이드사UCC가 보팔에 세운 화학 공장에서 살충제 원료인 아이소사이안화메틸^{MIC} 유독가스 40톤이 유출되는 일이 발생했다. 이 참사로 최소 3,800명, 최대 2만 5,000명의 주민이 사망했고, 지역의 가축이 몰살당했으며, 토양이 오염되었다. 특히 유독가스는 사람들이 자고 있을 때 유출되어 더 많은 사람이 죽고 수많은 이가 건강 피해를 입었는데, 지금까지 밝혀진 건강 피해자만 해도 수십만 명에 달하는 것으로 추산된다.

왜 이런 끔찍한 사건이 일어났을까? 1970년대 미국의 UCC는 인도에 자회사를 설립해 인구가 100만이 넘는 도시인 보팔에 공장을 건설하게 되는데, 인도 정부가 이 자회사 지분의 22%를 가져갔다. 원래 이 공장은 미국에서 생산된 원료를 가지고 살충제를 제조하는 용도로 건설되었지만, 나중에는 원료도 직접 생산하고 살충제도 제조하는 곳으로 바뀌면서 전체적으로 공정이 더 위험해졌다. 미국의 웨스트버지니아에도 비슷한 UCC의 공장이 있었는데, 인도의 보팔 공장은 미국 공장에 비해 안전 규칙이 느슨한 채로 운영되었다. 인도 지방 정부는 안전 문제를 인지했지만, 자신들에게 들어오는 경제적 이득 때문에 이를 미국에 강하게 호소하지 못하는 상황이었다. 당시 가속화되던 세계화^{globalization}는 보팔 참사의 배경이자 원인이었다(Fortun 2001; Jasanoff 2007).

이런 상태에서 흉년이 계속되어 농민들의 살충제 구입이 줄어들고 살충제 판매 수익이 떨어지자, UCC는 1984년에 공장 매각을 시도했다. 그런데 이 역시 잘되지 않자, 공장의 핵심 설비를 다른 곳으로 옮기려는 계획을 세웠다. 이렇게 어수선한 상황에서 여전히 공장을 가동하고 있을 때 비로소 사고가 일어났다.

1984년 12월 2일 밤 11시부터 MIC 저장 탱크의 압력이 증가하면서 탱크의 미세한 균열이 감지되었다. 그런데 MIC 가스 누출을 중화시키는 안전장치인 배출 가스 세정기^{vent-gas scrubber}는 3주 전에 작동이 중단된 상태였다. 이런 상황에서 고장 난 밸브의 작동으로 물이 탱크 안으로 흘러 들어가 가스와 혼합되었다. 탱크 온도를 낮추는 냉각장치는 다른 목적으로 사용하기 위해 이전에 이미 공장 밖으로 이동한 상황이었다. 가스 폭발 안전 시스템^{Gas flare safety system}은 3개월 동안 작동하지 않았고, 이날도 역시 작동하지 않았다. 이처럼 여러 안전장치가 전부 작동에 실패하면서 탱크의 균열에서 가스가 유출되었다. 3일 새벽 1시에 40톤의 가스가 공기 중에 방출되었고, 공장 주위의 가난한 주택가에 퍼졌다. 사람들은 자다가 질식사했다. 다친 사람들은 도시에 있던 병원으로 옮겨졌지만 병원의 인력이나 설비가 충분하지 않아 더 많은 희생자가 생겼다.

사건 발생 이후 미국 모회사에서는 모든 책임을 인도의 자회사로 떠넘겼다. 이후 보상 소송에서 UCC의 형사 책임은 면제되었고, 민사 보상금도 인도 정부가 요구한 것의 7분의 1인 총 5,000억 원에서 합의했다. 이후 UCC는 다우케미컬에 합병되었는데, 지금까지 인도 정부와 인도의 민간단체가 다우케미컬에 추가적인 보상을 요구하고 있다.

탈리도마이드 참사

기술재난의 또 다른 사례로는 탈리도마이드 참사$^{thalidomide\ disaster}$가 있다. 탈리도마이드는 서독의 그뤼넨탈사가 1950년대에 진정제와 수면제로 개발한 약이다. 약을 출시하기 전에 회사는 동물과 인간을 대상으로 임상 시험을 실시했다. 우선 동물 대상의 임상 시험에서 사람에 투여하는 용량의 몇백 배를 투여해도 별다른 부작용이 없었으며, 사람을 대상으로 한 임상 시험에서도 부작용이 적은 것으로 나왔다. 문제는 임신한 동물을 대상으로 임상 시험을 하지 않은 상태에서 약이 1957년에 시판되었다는 것이다. 당시 신약을 출시하기 전에 임신한 동물을 대상으로 한 임상 시험을 수행하는 경우도 있었지만, 이것이 의무 사항은 아니었다. 진정제와 수면제로 개발된 탈리도마이드는 입덧을 완화하는 효과가 탁월해 임산부에게 처방되어 널리 판매되었다.

그런데 1950년대 말부터 사지가 짧은 기형아들이 출생하기 시작했다. 이런 아이들은 독일을 비롯한 유럽 전역에서 약 1만 명 정도 출생했으며, 그중 절반이 일찍 사망했다. 그 뒤에 탈리도마이드가 임산부에 영향을 주어 기형아를 낳는다는 사실이 밝혀졌고, 1960년대에 이루어진 동물 실험에서도 탈리도마이드가 새끼에 기형을 유발한다는 것이 밝혀졌다.

탈리도마이드 참사는 유럽, 미국, 일본 등 거의 모든 나라에서 의

약품 안전에 대한 새로운 규제가 만들어진 계기가 되었다. 당시 큰 피해가 발생한 유럽과 달리 미국 FDA는 아직 인간에 대한 안전성이 충분히 규명된 것 같지 않다는 이유로 시판을 계속 보류했는데, 이 와중에 유럽에 기형아가 나오고 그 원인으로 탈리도마이드가 지목되면서 미국은 탈리도마이드 피해를 거의 피해 갈 수 있었다. 이 참사는 신약에 대한 임상 시험을 엄격하게 표준화하는 계기가 되었다.

체르노빌 원자력발전소 참사

1986년 4월 26일에 일어난 체르노빌 참사는 현재까지 일어났던 원자력발전소 사고 중 최악의 참사로 알려져 있다. 공식적으로는 수십 명, 비공식적으로는 10만 명 이상이 사망했으며, 40년 가까이 지난 지금도 발전소에서는 방사능이 유출되고 있다. 이 원자력발전소는 당시 소련 영토인 체르노빌시에 위치했는데, 지금 체르노빌은 우크라이나 영토에 속해 있다.

체르노빌 원자력발전소는 흑연감속 비등경수沸騰輕水 압력관형 원자로라고도 불린, 소련이 자체 개발한 RBMK* 원자로였다([그림 12] 참고). 명칭에서도 알 수 있듯이, 이 원자로는 흑연을 감속재로 사용

---

* RBMK는 Reaktor Bolshoy Moshchnosti Kanalniy의 약자로, 고출력 채널 유형의 원자로를 뜻한다.

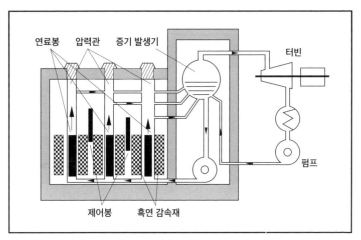

[그림 12] 체르노빌 RBMK 원자로의 간단한 구조.

하고 물을 냉각재로 사용했다. 이 원자로의 가장 큰 목적은 우라늄 238(U238)을 이용해 원자력발전을 하면서 이 과정에서 원자폭탄의 재료가 되는 플루토늄을 추출하는 것이었다. 이 RBMK 원자로는 미국에서 주로 사용하던 가압경수형 원자로에 비해 더 효율적으로 고출력을 얻을 수 있었지만, 원자로 내부에서 물(경수)을 끓여서 만든 수증기로 터빈을 돌려 발전을 했기에, 냉각제에 문제가 생기면 상당히 불안정한 상황이 유발될 수 있다는 단점이 있었다.

체르노빌 원전 사고는 어처구니없는 상황에서 발생했다. 당시에는 원자로 안전을 보장하는 핵심 장치인 냉각장치의 전원이 단전될 경우 원자로의 안전성에 대한 의문이 팽배했다. 냉각장치는 외부에서 공급되는 전원으로 작동하는데, 이 전원이 끊어지면 내부에 있는 디젤 발전기가 작동해 전원을 공급하게 되어 있었다. 그런데 전원이 끊어지고 디젤 발전기가 돌아가 전력을 공급할 때까지 약간의 시간 차이가 존재했다. 이런 시간차에도 불구하고 원전의 안전성이 보장될 수 있는가가 당시 해결되지 않던 문제였다. 체르노빌 원전 관계자들은 이를 테스트해 보고자 했다. 테스트의 목적은 소련의 원자로가 안전하다는 사실을 선전하는 것이었다.

체르노빌 참사는 1986년 4월 26일에 시행한 안전을 확인하기 위한 간단한 테스트 과정에서 일어났다. 테스트를 하기 위해 3,200메가와트 원자로를 실험 조건인 22% 출력 700메가와트로 낮췄다. 그런데 조작 미숙 등의 알 수 없는 이유로 원자로 출력이 그보다 훨씬 아래인 30메가와트까지 떨어졌다. 일단 이를 끌어올리기 위해 노심 압력을 올리고 수동 제어봉을 대부분 뽑아버리자 출력은 200메가와트로 올라갔다. 이때 비상 펌프 두 개를 작동시켜 공급되는 냉각수의 양을 늘렸다. 결과적으로 노심의 증기가 감소했는데, 증기 감소는 기수분리기를 작동시켜 원자로를 자동으로 멈춤으로써 테스트를 망칠 수 있었기에 기수분리기에 의한 원자로 비상 노심 냉각장치를 잠금 상태로 유지했다.

이렇게 세팅이 준비되어 실험을 시작했다. 실험은 1시 23분 4초에 냉각장치의 전원을 끄면서 시작되었다. 발전용 터빈에 도달하는 증기가 차단되고, 터빈이 중지되면서 냉각펌프에 전달되는 전력 감소가 일어났다. 냉각수가 감소되니 원자로의 핵분열이 가속화되어 온도가 올라갔고, 이는 다시 냉각수의 기화를 촉진해 핵분열을 가속화했다. 1분이 조금 지난 1시 24분 49초에 긴급 정지 시스템을 가동해 제어봉을 다시 삽입했다. 체르노빌 원전에서 사용하던 제어봉은 그 끝에 핵분열을 가속화하는 흑연이 있고, 흑연 위에 분열을 약화하는 붕소 흡수재가 있는 형태였다. 보통은 제어봉을 밀어 넣으면 흡수재인 붕소가 흑연을 대신해 핵반응을 제어했는데, 이때는 하단의 흑연이 물을 밀어내 연쇄반응을 폭발적으로 증가시켰다. 갑자기 반응이 증가하고 원전 온도가 올라가고 출력이 높아지니 긴급 정지 시스템을 가동하고 제어봉을 더 삽입했지만, 8초 후에 원자로가 폭발하고 노심용융이 일어났다.

제어할 틈도 없이 이 모든 과정이 순식간에 일어난 것이다. 이때 원전의 출력이 3만 3,000메가와트로, 평상시 출력의 10배가 넘었다. 이것은 공식 추정치인데, 사고 이후에 폭발 당시 원전의 출력이 평소의 100배까지 증가했다는 추측도 나올 정도였다. 당시 삽입에 20초 정도 걸리는 제어봉은 아직 다 들어가지도 않은 상태였다. 격납고가 없었던 체르노빌 원전은 이 폭발로 건물 지붕이 날아가고 방사능이 대량으로 유출되었다.

이 사고의 시작은 소련이 개발한 원자로가 안전하다는 사실을 보이기 위한 단순한 실험이었다. 실험 조건에서 문제가 생기고, 원래 원하던 조건을 이상한 방식으로 맞추는 과정에서 원자로가 폭주하게 된 것이다. 스리마일섬 사고의 경우에는 노심용융과 수소 폭발이 일어났지만, 격납고가 버텨줘서 방사능이 외부로 유출되는 것을 막을 수 있었다. 반면에 격납고 없이 지은 원자력발전소인 체르노빌 발전소는 폭발과 함께 바로 대량의 방사능이 외부로 유출되었다.[*] 사고의 과정이 이러했으므로 체르노빌 사고 이후에 과연 인간이 원자력발전소를 제대로 통제할 수 있는가에 대한 회의적인 의견을 내놓는 전문가들이 생겼다.

스리마일섬 원자력발전소 사고 이후에 각국은 자신들의 원전은 스리마일섬의 원전과 다르므로 안전하다고 강조했다. 그런데 체르노빌 원전 사고가 발생했다. 이 사고 이후에 다시 각국은 자신들의 원전이 체르노빌 원전과는 다르므로 안전하다고 강조했다. 그러다가 후쿠시마 원전 사고가 발생했다. 후쿠시마 사고 직후에 일본은 물론 세계 각국은 원전을 줄여나가는 정책을 추진하겠다고 천명했지만, 지금은 다시 자국의 원전이 안전하다고 하면서 원전 의존도를 높여가고 있다.

---

[*] 이 사고는 원자력발전소 격납고의 중요성을 부각시켰고, 이후 원전은 튼튼하고 두꺼운 격납고와 핵 연료봉을 감싸는 두터운 격납 용기를 필수적으로 갖추게 되었다. 하지만 후쿠시마 원전 참사의 경우, 핵 연료봉이 두께 1미터 이상의 강철과 콘크리트로 만들어진 격납 용기로 보호받고 있었음에도 이를 뚫고 방사능이 유출되었고 콘크리트 두께 10센티미터의 격납고를 폭발로 날려버렸다.

KAL 007기 피격 사건

KAL 007기 피격 사건은 1983년 9월 11일 새벽에 뉴욕에서 출발해 앵커리지에서 R-20 항로를 따라 서울로 오던 대한민국 KAL 007기가 경로를 이탈해 소련 상공인 사할린 근처 모네론섬에서 소련 전투기의 미사일 공격으로 추락한 사건이다. 이 사건으로 승객과 승무원 269명 전원이 사망했다. 당시 소련의 전투기 조종사는 경고비행, 경고사격 등을 실시했으나 비행기에서 반응이 없자, 이 비행기가 미국 정찰기라고 확신하고 전투기 운용 프로토콜에 따라 미사일로 여객기를 공격했다.

[그림 13]은 KAL 007기가 밟았던 경로를 보여준다. 아래의 가는

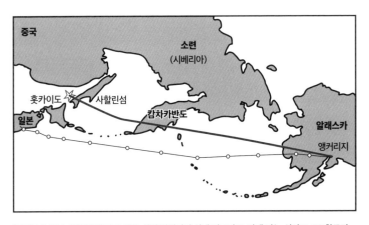

[그림 13] KAL 007기의 경로. 붉은 선이 비행기의 실제 경로이고, 아래 가는 선이 R-20 항로다.

선이 원래 KAL기의 비행 예정인 R-20 항로이고, 붉은 선이 KAL기가 실제로 이동한 항로다. 당시 비행기 기장은 사고 경력이 없는 상당히 숙련된 조종사였다. 또 이 비행기는 자동항법장치autopilot에 따라 운항하고 있었기 때문에 항로를 벗어날 이유가 전혀 없다고 추정되었다. 그래서 여러 해석이 등장하고 심지어 극단적인 음모론까지 제기되었다. 소련이 민간기임을 알고 있었지만 격추했다는 설, 미국이 소련의 정보 능력을 확인하기 위해 민간기를 일부러 그쪽으로 유도했다는 설 같은 음모론이 횡횡했다.

당시 KAL 007기에는 자동항법장치가 장착되어 있었는데, 이 기계가 작동하지 않은 이유가 가장 큰 의문이었다. 교신 기록을 보면 조종사는 비행기가 정해진 R-20 항로를 따라 아무 문제 없이 순항하고 있었던 것으로 간주한 듯하다. 자동항법장치는 자기 방향magnetic heading에 맞추는 것과 10개의 포인트를 따라가는 정확한 관성항법장치inertial navigation system, INS를 따라 작동하는 것이 있다. 특히 INS는 고장 날 수 없는 것으로 알려져 누군가 의도적으로 이 시스템을 건드려 항로가 바뀐 게 아니냐는 의혹이 제기되었다.

물론 다른 가능성이 없는 것은 아니다. 첫 번째 INS가 작동하는 곳은 베텔Bethel이라는 알래스카 영공이다. R-20을 따라 운항을 계획한 기장은 앵커리지에서 비행기가 베텔로 향하도록 245도 마그네틱 헤딩을 맞춘 상태에서 출발한다. 몇 분이 지난 뒤에 자동항법장치를 켜고 이후 INS 방식으로 바꾼다. 그런데 INS는 원래 설정된

루트에서 12킬로미터 내에서 작동하는 식으로 세팅되어 있다. 따라서 여객기가 항로를 벗어난 것에 대한 가장 설득력 있는 설명은 KAL 007기가 처음 이 INS 방식으로 접어들었을 때 비행기가 이미 베텔에서 12킬로미터를 벗어난 상태였고, 조종사는 비행기가 INS를 따라간다고 생각했지만 실제로는 INS가 작동하지 않은 채로 245도 마그네틱 헤딩을 계속 따라가고 있었다는 것이다(Degani 2003, ch. 4). 앵커리지와 베텔이 위치한 북극에서는 자기장이 불안한 탓에 마그네틱 헤딩이 잘 맞지 않는 일이 종종 일어나기 때문에 이런 상황이 발생했던 것으로 추측된다.

이런 경로 이탈이 참사로 이어진 데는 또 다른 예기치 못한 상황이 개입했다. 당시 미국의 RC-135기가 소련의 영공 주변을 계속 정찰 비행하고 있었고, 소련 군부는 이 RC-135기의 정찰에 계속 신경이 곤두선 참이었다. 사실 RC-135기는 보잉 707기를 군사용으로 개조한 비행기였다. 따라서 겉으로 보기에 RC-135기는 보잉 707 KAL기와 거의 같아 보였다. 게다가 KAL 007기가 해당 정찰 영역에 들어오고 소련의 전투기가 출동해 KAL 007기를 뒤따르기 시작했을 때, KAL 007기는 마침 일본 관제소의 명령을 받고 상승했다. 그런데 전투기 조종사는 자신이 따라붙으니까, 정찰기가 상승해 도망가는 식으로 전형적인 비행을 한다고 생각했다. 또 당시 KAL 007기에는 꼬리날개에 '대한항공'이라고 표시해 두었는데, 전력 낭비를 이유로 꼬리날개에 '대한항공' 표시를 비추는 등을 꺼둔 상태로 운항하고 있었다. 당시는 깜깜한 새벽이었고 승객들은 창을 닫은 채 자고 있었으므로 전투기에서는 여객기 탑승객들도 볼 수 없었다.

비행기는 기장이 모른 채로 경로를 이탈했고, 원래 항로보다 수백 킬로미터 떨어진 소련의 군사기지가 있는 사할린섬의 영공에 들어온 상태에서 격추되었다. 이 참사는 INS 같은 자동항법장치에 대한 과도한 신뢰, 당시 냉전 상황에서 미국-소련의 신경전, 경비 절감을 위한 비상등 점멸 등이 결합해 생긴 참사였다. 이 참사는 INS가 불완전할 수 있다는 인식을 고조했고, 결국 미국 군부에서만 사용하던 GPS^{Global Positioning System}를 민간 항공기에도 사용할 수 있게 했던 핵심적인 계기가 되었다. 수백 명의 목숨을 희생한 이후 여객기는 조금 더 안전한 비행을 할 수 있게 되었다.

성수대교 붕괴

1994년 10월 21일 오전 7시 40분, 1979년에 준공한 성수대교의 상판 50미터 정도가 붕괴했다. 성수대교는 상판 자체가 두 교각의 트러스^{truss} 사이에 띄워져 있는 거버 트러스^{Gerber Truss} 구조로 되어 있었다. 이런 구조는 교각의 거리가 멀어 미학적으로 뛰어나다는 장점이 있었지만, 상판 일부가 무너지면 상판 전체가 동시에 붕괴할 수밖에 없는 취약성을 지니고 있었다.

성수대교는 오전 7시 40분에 상판의 수직재가 갈라지면서 붕괴

[그림 14] 붕괴된 성수대교. ⓒ 서울특별시 소방재난본부

했는데, 이 붕괴 전에 여러 전조 현상이 있었다. 20일 저녁에 다리의 상판 이음새가 벌어졌고, 그 틈새가 꽤 넓어 여기에 철판을 임시로 깔아놓았을 정도였다. 서울시에서도 보고받아 알고 있는 내용이었다. 21일 새벽 6시에 성수대교를 건너던 한 버스 운전사가 노면에서 큰 충격을 받아 서울시에 신고 전화를 했다. 당시 현장을 점검하고 교통 통제만 했어도 사고를 피할 수 있었지만, 서울시는 별다른 조처를 취하지 않았다. 버스 운전자가 신고하고 1시간 반 뒤에 다리는 붕괴했다.

붕괴의 직접적인 원인은 다리의 철판 용접 불량이었다. 원래 수직재 용접부와 맞닿는 상현재의 핀플레이트에는 X자형 기계식 용접을 세 번 진행해야 하는데, 실제로는 I자형 수동 용접을 한 번만 진행했다. 게다가 접합 단면의 전 부분이 아니라 가장자리만 용접했다. 이런 상태에서 성수대교에 지속적인 과부하가 걸렸다. 동부간선도로 개통으로 통행량이 엄청나게 증가했고, 레미콘 등 규정 이상 중차량의 통행을 규제하지 않았다. 겨울에 제설 작업에 이용한 염화칼슘이 철판을 더욱 부식시켰다. 트러스는 수시로 정밀 검사를 진행해야 하는데 이를 방기하기도 했다.

성수대교 붕괴 사건 원인규명감정단과 검찰은 붕괴의 직접적인 원인으로 수직재의 용접 불량과 제작 결함을, 간접적인 원인으로는 설계, 시공, 감리 및 유지 관리의 부실, 실행 원가에 못 미친 부실시공, 공기를 앞당기는 전시 행정적 건설공사 치중 등을 꼽았다(서울지방검찰청 1995).

건설교통부는 이런 부실의 이면에 존재하는 구조적인 문제를 지적했다. 우선 제도적 원인으로는 정부의 자재 및 노임 단가가 현실과 맞지 않아 저질 건설재 사용이 불가피하고, 공사 감독의 전문성이 떨어져도 구조물의 안전성을 평가하는 제도가 없었다는 점을 지적했다. 기술적 원인으로는 국내 최초의 신공법 교량을 수개월 동안 설계하는 것 자체가 무리였고, 국내 최초의 용접 교량이었음에도 용접 기술자의 해외 송출로 국내 기술자가 부족했고, 특수 교량의 준공 계획이 일반 교량과 같이 책정되었고, 과하중이 구조물에 미치는 악영향에 대한 인식이 부족했으며, 이런 위험 노출이 구조

전체에 미치는 영향에 대한 전문 지식도 부족했다는 점을 지적했다. 앞서 살펴본 스위스 치즈 모델을 적용해 보면 구조적인 잠재 조건이 매우 열악한 상황에서 인적 오류가 결합해 사고가 발생했다고 볼 수 있다.

성수대교 붕괴 참사 이후 1995년에 '시설물 안전 관리에 관한 특별법'이 제정되었고, 이에 근거해 시설안전기술공단이 설립되었다. 비록 같은 해 대구 지하철 가스 폭발 사고와 1996년에 삼풍백화점 붕괴 참사가 있었지만, 2008년에 한국시설안전공단으로 개명된 시설안전기술공단은 지금까지 다수의 박사급 전문 인력을 확보해 국가 주요 시설물의 안전 확보를 목표로 조사 연구를 진행하고 있다. 기반 시설의 안전 확보를 위한 중요한 제도적 개선이 참사 이후에 이루어진 것이다.

대구 상인동 가스 폭발 사고

1995년 4월 28일 대구백화점 상인점 건설 현장에서 작업 중이던 굴착기가 도시가스 배관을 건드려 도시가스가 새어 나왔다. 유출된 도시가스가 그 자리에서 터지지는 않았다. 대신 하수구를 통해 퍼져 지하철 1호선 상인역 공사장에서 용접 불꽃에 점화되어 폭발했다. 이 사고로 등교하던 중학생 42명을 포함해 102명이 사망했다.

원래 지하 굴착을 할 때는 해당 관청의 굴착 승인을 받고 가스관을 매설한 회사와 연락해 가스관이 묻힌 위치를 문의한 후 공사를 진행해야 하는데, 공사 관계자들은 이를 무시하고 무허가 굴착 작업을 진행했다. 게다가 건설사는 가스관이 파손된 지 30분이나 지나서야 도시가스 측에 늑장 신고를 했다. 이 사고 이후에 도로 굴착을 할 때 가스회사와의 사전 협의가 의무화되었고, 가스 누출 탐지를 위한 검지기 휴대 및 작업 전 가스 누출 여부 확인 등이 의무화되었다.

삼풍백화점 붕괴

1995년 6월 29일, 서울 서초동에 위치한 삼풍백화점이 붕괴했다. 이 사고로 502명이 사망하고 1,000명 가까운 사람이 부상을 입었다.

삼풍백화점 붕괴는 대한민국 최악의 참사 중 하나로 꼽힌다. 삼풍아파트를 짓고 분양해 큰 성공을 거둔 주식회사 삼풍은 남은 아파트 부지를 상가로 용도 변경해 종합 상가를 짓고 있었다. 이 종합 상가를 다시 백화점으로 용도 변경한 것이다. 이렇게 변경을 반복하자 시공사가 시공을 거부했고, 삼풍 측은 자신들의 자회사를 이용해 시공을 진행했다. 상가와 달리 백화점은 내부의 넓은 공간 확보가 중요했기 때문에, 시공사는 기둥 둘레와 개수를 축소하고, 원래 4층 건물을 5층으로 급하게 증축했다. 하중 지탱에 좋은 L자형 철근 대신 값싼 I자형 철근으로 시공했으며, 기둥 상단에 보강재 설치를 미비하게 했다. 원래 맨 위층인 5층에 가장 가벼운 롤러장을 만들려고 했으나, 이 역시 용도 변경을 통해 무거운 식당가를 그 층에 만들었다. 게다가 식당가에 온돌 콘크리트를 설치하는 바람에 기둥에 걸리는 하중이 전반적으로 더 증가했다.

옥상에 큰 하중이 걸린 다른 원인은 냉각탑이었다. 원래 지하에 설치해야 하는 에어컨 냉각탑을 지하 공간 확보 목적으로 옥상에 설치했는데, 냉각탑들의 무게가 36톤, 냉각수를 채우면 87톤이나 되었다. 이 자체도 옥상이 견딜 수 있는 하중을 훨씬 초월했지만, 냉각탑의 소음이 심하자 크레인 없이 이를 반대편으로 끌고 옮기면서 5층의 기둥에 가해지는 하중이 모두 심하게 커졌다. 사고 1년 전에는 2층에 삼풍문고라는 서점을 입점해 2층 이하에는 다시 무거운 책으로 인한 하중이 증가했다.

삼풍백화점은 사고 직전에 붕괴 조짐을 보이기도 했다. 붕괴 전날 확연한 전조를 확인할 수 있었는데, 백화점 지붕에서 기둥이 바닥을 치고 올라오는 펀칭 현상이 발생했고, 5층 식당가 지붕과 바닥에는 균열이 일어나 일부 식당은 휴무한 뒤에 손님을 받지 않았다. 사고가 있던 당일 오후에 백화점의 균열 상태가 심각해 대책 회의를 열었고, 귀중품 등을 지하로 대피시키기도 했다. 그러나 회의에 참석한 구조 기술자 한 명이 사람의 대피 없이 기둥 보강이 가능하다고 주장했는데, 최고 결정권자인 이준 회장이 이를 받아들였다. 하지만 보강이 이루어지기도 전인 오후 6시에 붕괴가 일어나고 말았다.

백화점 A동의 옥상 슬래브가 붕괴해 5층 바닥에 떨어졌고, 다시

[그림 15] A동 전체가 붕괴된 삼풍백화점. ©️ 서울특별시 소방재난본부

5층이 붕괴해 4층 바닥으로 떨어졌다. 이 과정이 5분 동안 계속되면서 5층부터 1층까지 모두 붕괴했다. 이때 일부는 비상계단을 통해, 일부는 옆 B동으로 대피했는데, 대피하지 못하고 A동의 1~5층에 남아 있던 사람들은 전원 사망하는 참사가 벌어졌다. A동 지상층에서는 단 한 명의 생존자도 나오지 않았다. 다만 지하층은 부분적으로만 붕괴했고 붕괴된 콘크리트 사이에 공간이 존재해 지하에 있던 사람 중에 부분적으로 생존자가 나왔다. 500여 명의 사망자 중 직원이 약 300명, 손님이 약 200명이었는데, 백화점은 손님을 대피시키지 않았지만 에어컨 고장 등 여러 이유로 손님이 빠져나가 한가한 상태였다. 평소대로 손님이 많았다면 1,000명 가까운 사망

자를 낼 수도 있는 상황이었다. 당시 대책 회의를 하던 백화점 임원들은 붕괴한 A동이 아니라 B동에 있어 모두 목숨을 건졌다.

삼풍백화점 붕괴 사고는 설계, 시공, 감리, 관리 모든 단계에서 부실과 부패가 낳은 참사였다. 설계에서는 외부의 건축 구조 연구소에서 만든 구조 계산서를 무시하고 기둥, 슬래브, 철근 등을 엉터리로 설계했으며, 시공 단계에서는 기둥, 슬래브, 철근콘크리트, 냉각탑, 식당가 바닥을 잘못 시공해 초과 하중을 발생시키면서 기둥과 슬래브의 내력이 감소했다. 감리 단계에서는 허위 현장 조사서를 작성했고, 준공 이후에 정밀 점검 등을 한 번도 실시하지 않는 등 유지 관리도 엉망이었다.

성수대교 붕괴 사고와 마찬가지로 삼풍백화점 붕괴 사고도 총체적 부실과 부패가 낳은 참사였다. 원래 종합 상사에서 백화점으로 설계 변경을 할 때는 전문가의 심사를 거쳐야 하지만, 심사 없이 독단적으로 설계를 변경했다. 앞서 언급했듯이, 이 과정에서 기둥이 가늘어지고 기둥 보강 없이 무량판 공법으로 시공되었으며, 준공검사를 받기 전에 백화점을 개장해 장사를 시작했다. 이런 과정에 대한 승인은 서초구청 공무원들에게 뇌물을 줌으로써 묵인되었다. 박정희 정권 시절부터 전두환-노태우의 군사독재를 거치면서 이런 식의 관행은 다반사였다. 규정을 어기고, 감독관에게는 뇌물을 주고, 위험을 감수하더라도 돈만 벌면 된다는 생각이 삼풍백화점 참사를 낳게 된 구조적 취약성이었다.

2년이라는 짧은 시간 안에 일어난 성수대교 붕괴와 삼풍백화점 붕괴는 조급하게 지어진 서울시의 교량, 건물 등이 부실할 수 있다는 인식을 가지게 해 안전 점검에 대한 의식을 고양하는 계기가 되었다. 정부는 전국의 모든 건물에 대한 안전 평가를 실시했는데, 전체 고층 건물의 14%가 개축이 필요하다는 충격적인 결과가 나왔다. 이후 건물들의 보완이 이루어졌고, 안전 문제가 있다고 지적된 당산철교는 철거된 뒤에 다시 지어졌다. 법령도 개정되어 삼풍백화점 참사 사건 이후 건축물의 설계, 시공, 공사 감리 등을 부실하게 하는 바람에 사고를 일으킨 것에 대한 처벌은 고의에 의한 경우와 업무상 과실에 의한 경우로 구분했고, 사상자가 발생한 경우 형을 가중하도록 건축법의 조항이 변경되었다.

전반적으로 건축물 안전이 개선되었지만, 2023년에 GS건설이 시공한 LH 검단 신도시 아파트의 지하 주차장이 붕괴했다. 이 주차장도 삼풍백화점처럼 무량판 구조로 시공하면서 철근을 규정보다 적게 사용해 하중에 취약했다는 사실이 밝혀졌다. 이후 전국에 있는 LH 아파트에 대한 전수조사가 진행되었고, 그중 23개의 아파트가 철근을 적게 사용했다는 점이 드러나 보완 공사를 실시했다.

대구 지하철 참사

2003년 2월 18일에 발생한 대구 지하철 참사는 192명의 사망자를 냈다. 이 참사는 국내만이 아니라 전 세계적으로도 최악의 지하철 사고로 기록되고 있다.

뇌졸중으로 장애를 얻어 세상에 불만을 품은 한 승객의 계획적인 방화로 대구 중앙로역에 정차한 1079호에서 화재가 발생했다. 불이 나자 화재 경보가 울렸으나, 모니터를 주시하지 않았던 대구 지하철 종합사령실에서는 오작동이라 판단해 화재 경보를 무시했고, 중앙로역 근무원은 동전을 세고 있어 화재 경보를 듣지 못했다. 1079호 기관사는 열차가 정지된 상태에서 소화기로 화재를 진압하려 했지만, 불길이 잡히지 않자 승객과 함께 대피했다. 그는 이 과정에서 종합사령실에 화재 사실을 알리지 않았다.

이런 상태에서 몇 분 후에야 종합사령실에 화재 경보가 접수되었다. 운전사령은 "화재가 났으니 조심히 들어오라"라는 경고 방송을 모든 열차에 발송했지만, 이미 그때 CCTV에는 연기로 인한 검은 화면만 송출되어 현장 상황을 정확하게 파악하기 어려웠다. 대구지하철공사의 소방 안전 대책을 보면, 화재 초기 진압이 실패할 때 종합사령실은 후속 열차의 운행을 중지하거나 진입하는 열차를 무정차 통과시킨다는 규칙이 있는데, 이 역시 지켜지지 않았다.

이런 상황에서 이전 역을 출발한 1080호는 연기가 자욱한 중앙로역에 정차했다. 기관사는 종합사령실에서 운전사령의 명령을 받아 수행하는 사람이었기에 자신의 권한으로 무정차 통과를 시킬 수 없었다. 역에 진입할 당시 1080호 기관사는 역사에 연기가 가득해 어디선가 화재가 났다고 짐작했지만, 콘크리트로 지어진 역사에 작은 화재가 난 것으로 여기고 이 상황을 심각하게 생각하지 않았다. 운전자는 열차 문을 열었지만, 연기가 들어오는 것을 알고는 문을 닫고 출발을 시도했다. 하지만 정전 때문에 열차가 재출발되지 않았다. 다시 전기가 들어와 재출발을 시도했지만, 다시 단전돼 또 출발에 실패했다.

이때 열차 기관사는 5분 동안 종합사령실과 통화하면서 명령을 받았는데, 운전사령은 승객 대피 명령을 내렸다. 기관사는 출입문을 개방하고 승객들에게 대피하라는 안내 방송을 2회 실시했고, 손전등을 들고 객실로 가서 7분 정도 승객을 대피시키다가 사령실의 호출을 듣고 기관실로 돌아갔다. 사령은 규정에 의해 "판 내려놓고 차 죽이고 가야 돼"(전원 끄고 마스콘[마스터콘트롤] 키 가지고 대피하라)라고 명령했다. 이런 명령을 받은 기관사는 마스콘 키를 빼서 열차 전원을 끊고 일부 승객과 함께 열차를 탈출했다.

대구지하철공사가 경찰에 제출한 첫 녹취록에는 "판 내려놓고 차 죽이고 가야 돼"라는 말이 오해를 불러일으킬 수 있는 민감한 대화라는 이유로 삭제되어 있었다. 하지만 이것이 언론에 보도되면서, 국민은 이런 명령을 내린 종합사령실의 운전사령과 마스콘 키를 뽑아서 열차 문을 잠가버린 기관사가 이 사고의 책임이 있다고 판단했다. 운전사령과 기관사는 방화범과 함께 '악마' 같은 존재로 인식되었다.

그런데 실제로 사고 조사와 재판 과정에서 이런 통념은 대부분

잘못된 사실로 드러났다. 사령과 기관사는 승객을 대피시키기 위한 방송을 실시했고, 특히 기관사는 객차를 돌아다니며 승객의 대피 활동을 도왔다. 사령은 승객이 다 대피했다고 생각하고 매뉴얼에 따라 전원을 끄고 대피하라고 기관사에게 명령했다. 그런데 기관사가 마스콘 키를 뽑기 전에 이미 불이 붙은 몇몇 객차의 문이 잠겨버렸기 때문에 피해가 커졌다. 문을 자동으로 개폐하는 공기호스가 값싼 제품으로 장착되어 화재에 바로 녹아버린 것이다.

처음에 불이 붙은 전동차는 불과 수분 만에 전소하면서 불길에 휩싸였다. 이해하기 힘든 상황은 어떻게 이렇게 빨리 전동차가 전소할 정도로 불길이 번졌느냐는 것인데, 이후 조사에 따르면 전동차 제작 회사가 제작을 싼값에(일반 국내 전동차 가격의 절반 정도에) 낙찰받으면서 이윤을 남기기 위해 값싼 자재만 골라 썼다는 것이다. 원래는 지하철 전동차에 불이 안 붙는 단열재를 써야 했는데 불이 붙는 값싼 내장재를 사용한 것이다. 게다가 당시 IMF 직후에 근무 인원을 최소화하고, 안전 교육에 거의 신경을 쓰지 않았던 대구지하철공사의 조직 문화도 참사의 원인이었다.

대구 지하철 참사는 세상에 불만을 품은 방화범, 마스콘 키를 가지고 '차 죽이고' 가라고 명령한 운전사령, 그리고 열차 객실의 문이 닫힌 상황에서 혼자 도피한 기관사가 저지른 인적 오류가 결합해 생긴 사고라고 사람들에게 각인되어 있다. 하지만 이런 원인은 사고의 구조적 원인과는 거리가 있는 것들이다. 작은 사고가 참사로 번진 원인은 값싼 내장재의 사용, 안전 훈련의 미비, 문의 수동 개폐 및 비상 대피로에 대한 홍보 미비, 운전 및 사령실 인원의 최소화 등 더 구조적이고 잠재적인 것들이었다.

참사 이후에 사람들은 지하철 안전에 대한 경각심이 생겼다. 전국의 지하철 내장재가 불이 붙지 않는 불연소재로 바뀌었고, 비상시 출입문을 손으로 여는 방법이 안내되었으며, 비상 인터폰과 CCTV도 확대되었다. 전동차와 역사 내에 화재 감지기가 더 많이 설치되었고, 정전이 되면 빛을 내는 타일도 설치되어 대피를 도울 수 있는 장치가 만들어졌다. 그러나 효율적인 운영을 위해 열차 운행 인력과 안전 요원을 줄이는 관행은 달라지지 않았으며, 이런 인력 감축이 또 다른 큰 사고를 낳을 가능성은 상존하고 있다.

가습기살균제 참사

1990년대 중반부터 2011년까지 CMIT/MIT, PHMG, PGH가 원료인 가습기살균제가 판매되었다.* 정부 조사 집계에 따르면, 가습

---

* 가습기 살균제 원료로 사용된 CMIT/MIT, PHMG, PGH는 다음과 같은 화학 물질이다. CMIT/MIT는 Chloromethylisothiazolinone/Methylisothiazolinone(클로로메틸이소티아졸리논/메틸이소티아졸리논)의 약자이며, 주로 물질의 부패를 방지하기 위해 사용되는 합성 방부제다. PHMG는 Polyhexamethylene guanidine(폴리헥사메틸렌 구아니딘)의 약자로 살균 및 항균 목적으로 사용되는 고분자 화합물이고, PGH는 Polyhexamethylene biguanide(폴리헥사메틸렌 비구아니드)의 약자로 PHMG와 유사한 용도로 쓰이는 살균제다.

기살균제 사용자 중 1,800명 이상의 폐질환 사망자를 포함해 7,000명이 넘는 피해자가 나왔다.

한국의 아파트는 물론 개인 주택의 경우에도 과거의 온돌 기술을 확장해 바닥을 뜨겁게 하는 난방 시스템을 사용한다. 이는 겨울철에 방 전체를 덥히는 데 도움이 되지만, 방이 건조해지는 문제가 있다. 그래서 많은 가정이 겨울에 가습기를 사용한다. 가습기살균제는 가습기에 사용하는 물에 타서 곰팡이 등을 죽이는 화학제품이다. 이 화학물질이 가습기에서 방출한 수증기와 결합해 호흡을 통해 폐에 축적되면 폐세포를 파괴하고, 이를 오래 방치하면 폐섬유화라고 하는 심각한 폐 병변을 일으킨다. 폐섬유증은 기존의 폐렴 약이 거의 듣지 않는 치명적인 질환이다.

당시 가습기살균제는 간편하게 가습기를 세척할 뿐만 아니라 몸에 아무런 해가 없다고 선전되었다. 판매량을 보면 15년이 넘게 전국에서 수십만 명이 사용했다. 그런데 어떻게 1,800명 이상을 죽인 물질을 안전하다고 선전할 수 있었을까? 어떻게 이런 유독 물질이 규제를 통과할 수 있었을까? 이 참사를 이해하기 위해서는 우선 가습기살균제라는 유해한 제품과 그 제품의 원료인 화학물질들이 어떻게 세상에 나올 수 있었는가를 살펴보아야 한다(홍성욱 2018).

가습기살균제는 공산품이고, 따라서 품질 경영 및 공산품 안전 관리법(품공법)의 규제를 받는다. 그 원료는 독성 물질이기 때문에 유해 화학물질 관리법(유해법)의 규제도 받아야 한다. 여기서 공산품은 크게 두 가지로 나뉜다. 하나는 품공법 대상 공산품이고, 다른 하나는 의약품, 식품, 화장품이다. 후자에 대해서는 규제가 훨씬 강하다. 그러나 가습기살균제는 의약품이나 식품이나 화장품이 아니기 때문에 품공법 대상 상품으로 넘어간다. 품공법 대상 상품은 다시 두 가지로 나뉘는데, 안정 인증 제품이 있고 자율 안정 제품이 있다. 안전성을 인증받아야 팔 수 있는 안전 인증 제품은 세목이 이미 정해져 있다. 가습기살균제는 안정 인증 제품에 해당되지 않기 때문에 자율 안전 대상 제품으로 넘어간다. 이는 다시 생활화학 가정용품과 그 외의 것으로 나뉜다. 가습기살균제는 생활화학 가정용품의 항목에도 해당되지 않아 그 외의 것으로 분류되었다. 이런 제품은 회사에서 자기 제품이 안전하다고 생각하면 자율적으로 시장에 내놓을 수 있다. 1,800명의 생명을 앗아 간 가습기살균제는 이렇게 회사의 자율적인 판단에 따라 시장에서 팔릴 수 있는 제품이 된 것이다. 촘촘한 규제가 기존 제품을 놓고 이루어진 것이기 때문에, 오히려 이에 해당되지 않은 신제품은 규제의 사각지대에 들어갔던 것이다.

그렇다면 어떻게 이런 독성이 강한 원료가 수입되거나 국내에서 제조되어 가정용 흡입 제품으로 만들어질 수 있었을까? 1990년대 당시에 제품 원료는 신규 화학물질인 경우에는 인체 유해성 검사를 받지만, 신규 화학물질이 아니면 검사에서 면제되었다. 수많은 화학물질을 모두 검사할 수 없기 때문에, 지금까지 별문제 없이 사용되었던 물질은 앞으로도 큰 문제가 없으리라는 판단에 근거한 정책이었다. 유공(이후 SK케미칼)이 1994년에 처음 만든 가습기살균제의 원료인 CMIT/MIT는 1996년 유해법 시행 시 기존 화학물질에 해당해 유해성 심사에서 면제되었다. 당초 PHMG, PGH에 비해 독성이 거의 없을 정도로 약하다고 평가되어, 재판과 피해 배상 등의 과정에서 제외되었다.

기존의 화학물질 외에 고분자 화학물질도 검사가 면제되었다. 고분자 화학물질은 상대적으로 안전하다는 것이 그 이유다. SK케미칼이 카펫 향균제의 용도로 환경부에 심사를 요청한 PHMG는 고분자 화학물질에 해당해 독성 자료에서 면제되었다. 그러나 이후 옥시가 카펫 향균제가 아닌 전혀 다른 용도인 가습기살균제의 원료로 이 물질을 사용했고, 이는 가습기살균제로 인한 가장 많은 사망자를 낸 원인이 되었다. PGH라는 원료는 선플러스가 수입해 향균보존제의 용도로 환경부에 심사를 요청했다. 이 역시 고분자 화학물질에 해당되어 독성 자료에서 면제되었다. 그러나 버터플라이이펙트라는 회사가 또다시 전혀 다른 용도인 가습기살균제의 원료로 이 물질을 사용했다. 원료의 측면에서는 용도를 변경해도 독성 심사에서 면제되었기 때문에 가습기살균제의 원료로 사용된 것이다.

옥시에서 PHMG를 사용해 만든 가습기살균제는 가장 먼저 시장에 나왔고, 또 가장 많은 사망자를 냈다. 옥시는 원래 인체에 무해한 독일제 가습기살균제를 카피해 만들어 팔았는데, 원가를 줄이기 위해 새로운 물질을 모색하다가 PHMG라는 살균제를 알게 되었다. 제품을 만들기 전에 PHMG의 흡입 독성 실험을 하려고 했으나, 당시 회사가 다른 회사에 합병되어 조직이 바뀌고 급변하는 상황에 놓여 흐지부지 중단되고 말았다. 재정비한 뒤에는, 이미 가습기살균제가 출시되어 몇 달 동안 팔리고 있던 상태였다. 제품이 출시된 지 5~6개월이 경과한 상태에서 이미 잘 판매되고 있었고, 옥시의 중요 품목도 아니었으며, PHMG의 농도가 0.125%로 낮았기 때문에 회사는 가습기 살균제를 계속 팔아도 되겠다는 판단을 내렸다. 이런 판단은 위험사회학에서 평가절하·어림짐작^{disqualification heuristic}이라고 부르는 현상이다. 이는 평가자가 본인 조직이 다루는 위험을 상대적으로 낮게 평가하는 경향을 뜻한다.

당시 옥시는 회사 조직이 급변하는 환경이라 안전에 신경 쓰기 어려운 상황에 놓여 있었다. 따라서 PHMG 사용 이후에 건강 관련 클레임들이 계속 들어왔지만 회사 규정에 따라 이를 대표이사에게 전달하지 않고 정해진 답변으로만 응대하기도 했다. 고객을 상대하는 마케팅 부서와 규제 부서 사이에 소통이 없었고, 규제 부서와 연구소 사이에도 소통이 부재했다. 부서 간에 소통이 부재하는 칸막이 문화 때문에 문제를 미리 알아차리지 못한 것이다.

정부에서도 가습기살균제의 위해를 사전에 파악할 기회가 있었다. 그런데 관료제의 소통 문제가 이를 어렵게 만들었다. 가습기살균제의 원료는 환경부 소관이고, 제품은 산업통상자원부(산자부) 소관이었는데, 이 두 부처는 서로 협력하기보다는 견제하는 관계였다. 또한 환경부는 물질만 다뤘고 산자부는 제품만 관리해 문제가 발생하면 서로 책임을 떠넘기기 쉬운 구조였다.

2000년 환경부가 발주한 용역 연구의 보고서를 보면, 제품 및 원료를 처음에 수입할 때와 다른 식으로 용도를 변경해 사용할 때, 유해성을 재평가해야 한다는 제한이 있었는데 알 수 없는 이유로 무산된다. 이것이 입안되었어도 가습기살균제 피해를 상당히 줄였을 것이다. 2005년 환경부의 또 다른 용역 보고서를 보면 PHMG, MIT가 위험할 수 있다는 점을 지적하며 위해성을 경고하기도 했다. 환경부는 종합적인 평가를 위해 산자부와 함께 화학제품위해성 평가단 구성을 제시했지만, 산자부는 위해 물질과 제품에 대한 각자의 역할 분담이 필요하다는 이유로 이를 거절했다. 가습기살균제에 대한 소비자나 기업의 문의는 여러 부처를 돌다가 결국 형식적인 답변이 이루어지곤 했다.

이 시기만 해도 가습기살균제의 위험이 수면 위로 부상한 시점은 아니었다. 그러다가 2011년에 원인 불명의 비슷한 폐질환을 앓는 사람들이 다수 입원해 사망했다. 질병관리본부는 역학조사를 통해 그 원인으로 가습기살균제를 지목하고, 가습기살균제 판매를 중단시키는 행정명령을 발동했다. 이후 동물실험을 통해 PHMG와 PGH가 폐섬유증을 일으킨다는 증거를 발견했고, 가습기살균제를 사용하다가 사망한 사람과 심각한 폐병변을 갖게 된 사람들을 특정했다. 그리고 폐 손상을 중심으로 1) 거의 확실, 2) 가능성 높음, 3)

가능성 낮음, 4) 가능성 거의 없음이라는 4단계 등급이 매겨졌고, 이 중 1, 2단계에는 정부에 의한 피해 보상이 확정되었다. 다만 이때 CMIT/MIT의 독성이 확인되지 않아 이를 제조한 애경, SK케미칼 같은 회사가 법적 책임에서 면죄부를 받았으며, 3, 4단계의 피해가 인정되지 않아 일부 피해자들에게 상대적 박탈감을 주었다. 또 폐 손상 이외의 질환은 인정하지 않아, 가습기살균제를 이용하고 암 같은 신체적 질병, 우울증 같은 정신적 질환에 시달리는 사람들도 구제의 대상이 되지 못했다(김성수 2016; 박진영 2024).

이후 이어진 형사재판에서 PHMG와 PGH를 이용해 가습기살균제를 제조한 회사의 대표와 관계자들에게 형사처벌이 내려졌는데, 이 과정에서도 CMIT/MIT를 이용해 가습기살균제를 만든 애경, SK케미칼 등은 사법 처리 대상이 되지 못했다. 이후 CMIT/MIT 제조사에 대한 소송이 따로 진행되었는데, 법원에서는 이때도 CMIT/MIT와 폐병변 사이의 인과관계가 확립된 것이 없다는 이유로 1심에서 제조사에 무죄를 선고했다. 하지만 피해자들과 시민단체가 CMIT/MIT 독성에 대한 새로운 증거들을 수집했고, 2024년 1월에 열린 항소심 재판에서 전 SK케미칼 대표와 전 애경산업 대표에게 각각 금고 4년형의 실형이 선고되었다.

흔히 가습기살균제 참사는 이윤만 추구하는 과정에서 생명을 경시한 기업, 책임을 방기한 정부(국가) 때문에 발생했다고 알려졌다. 이후 나온 조치는 살생 물질을 사용한 제품을 전수조사하고,

PHMG 같은 가습기살균제 원료가 들어간 치약, 물티슈 등을 사용 금지하는 것이었다. 그러나 이런 두루뭉술한 분석과 조치로는 앞으로 어떤 점을 개선해야 대형 참사를 막을 수 있는지 알 수 없다. 예를 들어, PHMG는 오래 흡입해 문제가 된 것이지, 물티슈에 들어간 살균제가 피부에 닿아 문제를 일으키는 것은 아니기 때문이다. 가장 어려운 문제는 지금도 촘촘한 규제의 법망에도 걸리지 않는 치명적인 원료나 제품이 존재할 수 있으며, 이를 칸막이식 관료적 조직 문화로만 막을 수 없다는 데 있다. 관료나 회사 직원은 자신이 담당하는 영역만이 아니라 관련된 인접 영역과 '주의 깊은 관계 맺음*'의 태도를 견지해야 하며, 원료-제품-사용에 대한 전 주기적인 관심과 모니터링 등이 확보될 때 더 안전한 화학물질 관리가 가능하다.

가습기살균제 참사 이후에 정부는 유럽의 화학물질 등록 및 평가에 관한 제도를 모방해 2013년에 화학물질등록평가법(화평법)을 준비했지만, 화평법은 기업의 반대로 반쪽짜리 법안으로 남게 되었다. 그러다가 문재인 정부 이후 가습기살균제 참사에 대한 대통령의 사과와 함께 화평법이 개정되었고, 생활화학제품 및 살생물제의 안전 관리에 관한 법률(살생물제법)도 시행되었다. 화평법에서는 신규 화학물질만이 아니라 기존의 화학물질도 안전성 평가 대상에 포함했고, 유해성과 위해성을 모두 평가하며 산업용 원료만이 아니라

* 이 책의 3장을 참고하라.

제품에 들어 있는 화학물질도 평가에 포함했다. 살생물제법에서는 유해 생물을 제거하거나 억제하는 기능을 가진 물질을 따로 관리하는데, PHMG 같은 살균 물질이 이에 해당했다.

가습기살균제 참사 이전에 생활화학제품은 품공법을 비롯한 여러 법에 따라 나뉘어 관리되었다. PHMG나 PGH 같은 물질은 이런 규제의 그물망을 요리조리 빠져나갔던 물질이다. 이처럼 과거에는 관리 대상으로 지정되지 않은 품목이나 구분이 모호한 품목에 대한 관리가 어려웠다. 참사 이후에는 생활화학제품 관리가 모두 환경부로 이관되면서, 다른 법률에서 관리하지 않는 생활화학제품에 대한 관리가 시작되었고, 이를 통해 이전의 PHMG 같은 사각지대에 놓인 물질을 줄이기 시작했다. 또한 신제품의 경우 환경산업기술원 산하 생활화학제품 안전 센터에서 감시를 강화하고 있다(김신범 외 2023). 이런 방향은 안전 사회를 위한 바람직한 첫걸음이라고 평가할 수 있다.

하지만 이와 같은 법안이 모든 유해 물질을 규제하는 것은 아니다. 새로운 화학물질의 제조는 점점 더 쉬워지고 있다. 전 세계적으로 매년 1,000만 가지가 넘는 화학물질이 만들어진다. 그런데 미국 FDA에서 유해성 검사를 실시하는 대상은 이 중 700개에 불과하다. 따라서 국제적 공조는 물론, 전문가들과 시민사회의 윤리적 각성이 무엇보다도 중요해지고 있다.

세월호 참사

2014년 4월 16일 아침에 인천에서 제주로 향하던 세월호가 침몰했다. 476명의 선원과 승객 가운데 304명이 사망했고, 그중 수학여행을 가던 단원고등학교 학생도 246명 포함되어 있었다. 세월호 침몰 사고는 지난 20년 동안 한국 사회에서 발생한 여러 재난 중에 가장 충격적이고 가슴 아픈 참사였다. 구명조끼를 입고 방에 가만히 있으라고 방송한 뒤에 승객을 버리고 먼저 도피한 선원, 구조에 적극적이지 않은 해경, 세월호처럼 위험한 배의 과적과 운항을 강행한 해운사, 이를 눈감아 준 담당 기관, 재난을 지휘하는 컨트롤 타워가 부재한 정부 조직, 어디서 무엇을 했는지 의혹투성이였던 국정 최고 책임자에 대한 원성과 질책이 줄을 이었다. 결국 이런 국민적 분노는 2016년에 촛불 집회로 이어져 대통령의 탄핵이라는 한국 현대사 초유의 정치적 격변을 낳았다.

세월호 침몰 당시부터 2023년에 이르기까지 가장 많은 사회적 논란을 빚은 주제는 '침몰 원인'이다. 세월호는 바람과 파도가 잔잔하고 시야도 좋은 조건에서 급하게 우회전하면서 좌현으로 기울어졌고, 동력을 잃은 상태에서 빠르게 침몰했다. 전 국민은 세월호가 바다로 가라앉는 과정을 TV 생중계로 지켜볼 수밖에 없었다. 세월호의 침몰 원인에 대해서는 침몰 당일부터 여러 가지 설명, 가설, 의견, 추측이 제기되었다. 세월호 특조위는 보고서를 내지 못했고,

2017년에 세월호가 인양된 뒤에 결성된 선체조사위원회에서는 침몰 원인을 두고 크게 내인설과 외력설*이라는 상충되는 두 가지 다른 묶음으로 구분할 수 있다.

내인설은 불법 증개축을 통해 악화된 복원성 같은 구조적 문제를 가졌던 배가 화물 고박을 제대로 하지 않고 항해하다가 조타 미숙이나 기계적 결함 등에 의해 급선회해 기울어졌고, 이후 부실하게 고박된 화물이 무너져 내리고 경사가 더 커지면서, 복원되지 못한 배에 침수가 일어나 배가 침몰했다는 설명이다. 배가 기울어진 뒤에 물이 빠르게 들어왔는데, 열려 있던 수밀문 때문에 선체 전체에 급속하게 물이 차서 1시간 만에 배는 완전히 기울어졌다. 내인설에 따르면, 침몰의 원인은 선사의 잘못, 승무원의 태만, 배의 구조적 문제에 있었다. 반면에 외력설은 외부의 어떤 힘이 세월호에 가해졌고, 그 결과 배가 급선회하고 밀려서 전복되었다는 주장이다. 사고 당시 기상은 쾌청했고, 조류나 풍속은 미미했으며, 근처에 암초나 다른 배도 없었기 때문에, 외부의 힘은 세월호와 충돌한 잠수함 같은 '괴물체'나 늘어뜨린 닻으로 압축되었다.

내인설은 구조적이고 잠재적인 문제와 인적 오류의 결합으로 재난을 설명하는 '스위스 치즈 모델'에서 일반적으로 소환되는 설명

---

* 선체조사위원회에서 사용한 공식 명칭은 원인을 특정하지 않고 열어둔다는 의미로 '열린안'이었지만, 열린안의 실질적인 내용은 잠수함 충돌에 의한 침몰을 담고 있는 외력설이었다.

방식이다. 반면에 외력설은 '의도'를 전제하는 설명이라는 점에서 재난에 대한 통상적인 설명과는 거리가 있다. 즉, 누군가 의도를 가지고 닻을 내려서 배를 전복시켰다든가, 아니면 누군가 의도를 가지고 잠수함 같은 괴물체와의 충돌을 은폐했다는 것이다. 세월호의 침몰 원인에 대해 유가족, 시민, 네티즌, 방송인, 영화감독, 기자 등 다양한 사람이 나름대로 의견을 제시했다. 그런데 이런 '일반인'들의 견해는 '외력설' 쪽으로 기울어져 있었다.

서로 다른 두 설명 중 어느 하나가 더 설득력이 있는가는 쉽게 판가름 나지 않았다. 사고 초기에 검찰이나 감사원에 자문하고 자체 보고서를 제출한 전문가들은 내인설을 주장했지만, 이들의 주장은 세월호 참사에 대한 국민의 분노를 급히 수습하려 했던 박근혜 정부 당시 여당의 입장과 비슷하다는 이유로 유가족과 시민들의 비판을 받고 거부되었다(홍성욱 2020). 특히 검경합수부와 1심 법원은 세월호 급선회의 원인으로 조타수와 3등 항해사의 과실을 지목했는데, 2심에서 기기 고장의 가능성을 제기하면서 이들에게 과실에 대한 무죄를 선고했다. 이러면서 사람들은 전문가들과 검경합수부가 제시한 침몰 원인에 대한 설명을 더더욱 불신하게 되었다. 정부와 여당은 '4·16세월호참사 특별조사위원회(특조위)' 활동을 끈질기게 방해했는데, 이는 정부와 여당이 무엇인가 숨기고 있다는 인상을 강화했다. 이러면서 잠수함 충돌설, 인신 공양설, 고의 침몰설 같은 음모론이 더욱 힘을 얻게 되었다(홍성욱 2020).

선체조사위원회는 하나의 합의된 보고서를 내지 못하고, 내인설과 열린안에 기초한 두 개의 보고서를 냈다. 이후에 결성된 사회적 참사조사위원회에서는 외력설을 완전히 배제할 수는 없다고 했지만, 사실상 외력설의 가능성을 최소화한 상태에서 보고서를 작성해 제출했다. 사참위의 보고서가 나온 뒤에도 외력설을 주장하던 사람들은 추가 조사가 필요하다고 주장했지만, 더 이상의 조사는 이루어지지 않았다. 사실 외력설이라는 것은 실체가 없는 것이었기 때문에 아무리 조사를 해도 끝이 날 수 없었다. 일부 조사위원과 일부 유가족은 세월호의 조사 연장이 세월호를 잊지 않고 기억하면서 아이들의 죽음을 헛되게 하지 않는 것이라고 생각했던 것 같다. 하지만 10년 가까이 진행된 숱한 '의혹'에 대한 조사는 시민사회의 피로감을 키웠고, 시민사회와 유가족 사이에 틈을 만들었다.

2024년의 시점에서 돌이켜 보면 세월호 참사의 원인은 무리한 증축으로 인한 나쁜 복원성, 평형수를 빼고 화물을 적재한 점, 고박 불량, 기기 고장과 이에 따른 전타 효과 발생, 화물 밀림, 급경사 발생, 수밀문 개방 운항, 무책임한 선원과 구조 경험이 없는 해경 등 다양한 문제가 결합한 것이었다. 수심이 얕은 바다에서 대형 잠수함이 운항하다가 충돌했다든가, 누군가 닻을 내려 세월호를 침몰시키고 다시 닻을 감아올렸다든가 하는 음모론은 처음부터 설 자리가 없었다. 그렇다고 배가 가라앉아 있는 상태에서 기기 고장에 의한 급선회를 증명할 방법도 없었다. 전문가들은 시뮬레이션과 모형 시험을 통해 복원성이 나쁜 배가 큰 각도로 선회할 때 세월호의 항적을 만들 수 있다는 것을 보였지만, 외력설을 주장하던 이들은 세월호의 복원성이 나쁘지 않다고 주장했기에 이런 실험에 설득되지 않았다(다음의 '더 읽어보기' 참고).

[더 읽어보기]
세월호 참사의 내인설과 외력설

내인설에 따르면 세월호는 불법 증개축으로 복원성이 불량해진 배였다. 세월호 복원성이 불량했다는 사실은 선원들의 증언에서 확인된다. 이런 상황에서 무리한 과적과 고박 불량 상태로 출항하고, 맹골수도 근처에서 우선회하다가 기기(솔레노이드 밸브) 고장이 발생한다. 인양한 세월호를 보면 솔레노이드 밸브가 한쪽으로 쏠려 있었다. 밸브의 고장은 키를 전타로 고정시켰고, 이후 오른쪽으로 급선회하면서 배가 좌현으로 급격히 기울었다. 18도 경사에서 화물이 밀려 내려갔고 화물의 쏠림은 복원성을 급격하게 악화해 배를 순식간에 45도까지 기울게 했다. 이때 열려 있던 환기구로 물이 들어오고, 열린 수밀문을 통해 유입된 바닷물이 선내를 빠르게 채우면서 배가 침수했다.

이에 반해 외력설의 지지자들은 세월호의 복원성은 나쁘지 않았다고 본다. 사고 당일보다 과적 출항한 적도 여러 번 있었지만 무사했으며, 복원성을 계산해도 나쁘지 않게 나온다는 것이다.

세월호 인양 후에 솔레노이드 밸브가 한쪽으로 치우친 것이 발견되었지만, 열린안 지지자는 이것이 급회전의 원인이라는 결정적인 증거는 아니라고 본다. 배는 정상적으로 운항하고 있었는데, 어떤 외부의 힘이 복원성이 나쁘지 않은 세월호를 넘어뜨려 배를 급격하게 기울게 했고, 열린 환기구로 물이 들어왔으며, 내부의 수밀문이 열려 있어 빠르게 침수했다는 것이 열린안의 내용이다.

배의 복원성은 배의 경하중량, 화물과 승객의 무게와 배치, 평형수를 알면 계산할 수 있다. 세월호의 복원성은 여러 차례에 걸쳐 계산되었는데, 결국 평형수 탱크가 얼마나 가득 차 있는지가 배의 복원성 계산에 중요한 요소임이 드러났다. 평형수 탱크가 100% 차 있으면 복원성이 매우 좋은 상태고, 98%가 차 있어도 100%와 동일하게 취급한다. 그러나 96%만 되어도 복원성은 급격히 떨어진다. 내인설에서는 4번, 5번 평형수 탱크가 구조적 특성 때문에 상층부에 5센티미터의 공기층이 존재했고, 따라서 평형수 탱크가 96% 차 있어 세월호의 복원성이 불량한 것으로 판단했다. 이에 반해 외력설에서는 보일의 법칙과 배의 롤링 때문에 4번, 5번 평형수 탱크가 98% 정도로 거의 가득 차 있었기에 세월호의 복원성이 양호했던 것으로 판단한다. 따라서 배의 복원성은 좋았고, 침몰 원인은 외부에 있다고 주장한다(황정하·홍성욱 2021).

이 두 입장은 전문가들로 구성된 선체조사위원회에서 하나로 일치하지 못했다. 하지만 배를 몰았던 선원들은 세월호가 복원성이 매우 나쁜 배였다고 입을 모아 말한다. 한번 기울어지면 배가 다시 돌아오는 데 시간이 너무 많이 걸렸고, 큰 각도로 타를 쓰면 배가 휘청거려 소각도 조타만 해가면서 인천과 제주 사이를 운항했다. 무엇보다 세월호는 평형수나 화물을 채우지 않고는 서 있지도 못하는 배였다. 그럼에도 열린안 측에서는 선원들의 주장을 심각하게 받아들이지 않았고, 선체조사위원회에서는 2018년에 각각의 견해를 담은 두 개의 보고서를 출간했다. 그 뒤에 활동한 사회적참사조사위원회에서는 내인설 쪽에 무게를 실었지만, 2022년에 나온 공식 보고서에서는 침몰 원인에 대해서는 100% 합의되지 않았고, 내인설에 중점을 두었지만 외력의 가능성도 있다는 견해를 밝혔다(전치형 2024).

유가족 대부분은 세월호 참사의 진실이 밝혀지지 않았다고 생각했다. 왜 방에 가만히 있으라고 한 채 선원들만 빠져나왔는지, 왜 해경은 선내로 진입해 방에서 기다리던 아이들을 구조하지 않았는지, 왜 헬기는 더 많은 승객을 구하지 못했는지 이 모두가 의문투성이였다. 중간에 전원 구조라는 오보도 있었다. 게다가 대통령은 오후 늦게야 나타나서 구명조끼를 입은 아이들을 왜 구하기 힘든가라는 엉뚱한 이야기만 늘어놓았다. 대통령이 사고 직후부터 보고받았다는 것도 나중에 거짓말로 밝혀졌다. 경찰은 유가족의 집회를 힘으로 막았고, 정부와 여당은 세월호참사특별조사위원회의 활동을 방해하고, 회기를 연장해 달라는 요청을 묵살했다. 유가족이나 세월호 참사 진실 규명에 참여한 시민은 권력을 가진 사람들이 어떤 '사악한 의도'를 숨기고 있다고 느꼈다(홍성욱 2024).

사악한 의도가 극단적으로 표현된 설명이 이른바 '앵커설'이다. 세월호에서 닻을 길게 늘어뜨려 닻이 해저 지면에 긁혔고, 어느 순간 지면에 걸리면서 세월호가 크게 우선회했다는 주장이다. 세월호가 침몰하기 전에도 닻은 정상적으로 윈치에 감겨 있었기에, 앵커설은 세월호가 넘어간 뒤에 닻을 감아올려 멀쩡한 상태처럼 다시 만들었다는 과정까지 포함한다. 이런 황당한 주장이 유가족과 많은 시민에게 공감을 얻어 약 40억 원의 후원금을 모금해 영화를 제작하기도 했다. 1만 톤에 가까운 세월호를 급회전시킬 정도로 늘어뜨린 닻이 해저지형에 걸렸다면 닻줄과 윈치가 멀쩡하게 붙어 있다는 사실을 어떻게 설명할 것인가를 차치하고라도, 이런 설명은 대체 누가, 무슨 의도로 항해하는 배의 닻을 내리는지, 아니 선원들 모르게 이를 내릴 수 있는지를 말하고 있지 않다. 무언가 뒤에 훨씬 더 큰 음모(예를 들어 인신 공양설)가 있다는 뉘앙스만 풍길 뿐이다.

잠수함 충돌설도 비슷한 음모론일 뿐이다. 군사정보까지도 숨기기 힘든 오늘날에 훈련하던 대한민국이나 미국의 잠수함이 세월호와 충돌한 뒤에 침몰했다면, 이를 비밀로 하는 것은 불가능하다. 세월호에 '대통령의 7시간'이라는 '원죄'가 있던 박근혜 정부와 달리 세월호 참사 조사에 적극적이었던 문재인 정부에서 국가적 자원을 동원해 이런 충돌을 감추었을 이유가 없다. 북한의 잠수함이 진도 앞바다까지 내려왔다는 설도 어불성설이다. 마지막 가능성은 중국 잠수함인데, 30미터 수심의 연안 바다에 중국 잠수함이 출몰할 이유도 없다. 무엇보다 잠수함이 충돌했는데 배가 멀쩡하다는 사실은 상식에 어긋나도 한참 어긋난다.

원래 세월호가 인양되기 전에 잠수함 충돌설을 주장하던 이들은 세월호 선체에 구멍이 있을 것이라고 주장했다. 이들 중 일부는 세월호를 인양해 구멍이 없다면 잠수함 충돌설을 철회하겠다고 말하기도 했다. 그런데 인양된 세월호의 외관은 멀쩡했다. 마치 휴거를 믿었다가 실제로 휴거가 오지 않아도 그 종교에서 빠져나오지 못하듯이, 충돌 흔적이 없어도 잠수함 충돌설은 계속 유지되었다. 지지자들은 잠수함이 배의 상판에 충돌한 것이 아니라 배의 핀안정기(핀 스태빌라이저)에 충돌해 이를 휘게 했다고 주장했다. 실제 좌현의 핀안정기는 돌아가 있었는데, 이것과 핀안정기실의 선내 철근이 조금 휘어 있는 것이 잠수함 충돌의 증거라고 주장했다. 하지만 다른 많은 전문가는 핀안정기가 돌아가고 핀안정기실의 철근이 휜 것은 배가 해저에 닿으면서 생긴 압력 때문이라고 했다. 세월호를 급선회할 정도의 힘이 가해지는 1,000톤이 넘는 잠수함 충돌이 핀안정기에 있었다면 이것이 쉽게 부러졌을 것이고, 잠수함이 핀안정기실에 충돌했다면 선체에 구멍이나 심한 균열을 낳았을 것이라고 했지만, 이런 상식적인 주장도 외력설 지지자들을 설득하지 못했다.

왜 전문가들의 의견은 이토록 영향력을 발휘하지 못했을까? 세월호 참사 초기부터 선박이나 항해 분야의 전문가들은 배가 잠수함에 충돌해 침몰했을 가능성이 0에 가깝다고 주장했다. 이들은 모두 불법 증개축에 의한 불량한 복원성, 과적, 고박 불량, 선원의 실수나 기기 고장에 의한 대각도 전타, 열린 수밀문, 선원의 미숙한 대처 등이 참사를 낳은 원인이라고 주장했다. 그런데 이런 주장은 당시 검찰이나 박근혜 정부·여당의 설명과 크게 다르지 않았다. 유가족이나 유가족에 동조하는 시민은 전문가의 설명이 진실을 숨기려고 하는 검찰이나 정부·여당을 정당화하는 것으로 생각했기에, 이런 비판 앞에 전문가들은 목소리를 낼 수 없었다(홍성욱 2020). 유가족 처지에서는 권력을 가진 사람이 무엇인가 숨기고 거짓말을 하고 있는데, 전문가들은 이런 권력자들과 비슷한 목소리를 내고 있다고 생각했던 것이다. 유가족들과 정부 비판자들은 진실을 찾아내 거짓을 밝히는 일이 세월호 조사의 역할이라고 생각하게 되었다.

전문가들이 다시 의견을 낸 것은 2022년 이후였다. 외력설 쪽으로 기울었던 사참위 진상규명국은 잠수함 충돌설에 대한 보고서를 만들었고, 사참위 전원위는 이를 한국조선공학회에 보내 전문가 의견을 청취했다. 한국조선공학회는 잠수함 충돌 등 외력에 의한 세월호 침몰은 불가능하다는 의견을 냈다. 사참위 전원위는 이를 수용했지만, 진상규명국은 계속 외력설에 집착했다. 10월에 나온 사참위 보고서는 내인설로 상당히 기울었지만, 보고서는 침몰의 정확한 원인은 규명되지 않았고, 외력에 대한 가능성이 남아 있다는 식으로 작성되었다. 그런데 보고서가 나오자 한국조선공학회는 다시 발표회를 열어 잠수함 충돌 가능성이 전혀 없다는 입장을 표명했다. 조상래 울산대 조선해양공학과 명예교수는 세월호는 화물 중량을 늘리고 평형수를 줄였으며, 고박도 불량했고, 승객들에게 비상 상황 시 모이는 긴급 집합 장소에 대한 교육도 없었다고 하면서, "세월호 사고는 준수해야 할 법규, 규정, 기준을 준수하지 않아 발생한 전형적인 후진국형 해양 사고"라고 못을 박았다(조상래 2023).

2014년부터 2022년까지 세월호 유가족 일부와 시민단체 활동가들은 세월호 침몰에 어떤 의도가 있다고 생각했다. '앵커설'을 선전한 영화 〈그날, 바다〉의 영문 제목은 Intention(의도)이었다. 선원이 승객들에게 움직이지 말라고 한 뒤에 대피 방송 없이 배에서 빠져나간 것은 어떤 의도를 가지고 있었기 때문이고, 해경이 선내에 진입하지 않고 대피 방송을 하지 않은 것도 어떤 의도가 있어서였다고 생각했다. 이 모든 의도는 멀쩡한 배가 갑자기 침몰한 원인과도 관련된 것이라고 믿었다. 그런데 이런 논란이 8년 가까이 계속되면서, 해양 안전과 관련된 규정이나 제도의 개선은 뒷전으로 밀렸다. 세월호가 선주와 선사의 이익만을 위해 규정과 안전을 무시했고, 선원들이 비상 훈련을 하지 않았고, 승객을 대상으로 비상시 행동에 대한 사전 안내를 하지 않았고, 배에 갖춰진 비상용 구명조끼나 보트도 엉망이었다는 문제나 이런 문제를 개선해야 한다는 목소리는 잠수함 충돌을 은폐한다는 음모론 앞에서는 주목받지 못했다.

　현장에 나간 해경의 구조 활동이 참담할 정도로 미흡했던 것에도 구조적인 요인이 있었다. 해경의 경우도 우리 해역에서 조업을 하는 중국 어선을 쫓아내는 데 주력했고, 구조와 관련해서도 작은 어선 위주의 경험만 축적했지 세월호 같은 큰 배를 상대로 한 구조 연습을 제대로 하지 못했고(구재령 2024), 긴급 구조 신호를 받고 출동할 때도 바다에 빠진 익수자를 건져 올리는 차비만을 한 채로 배를 몰고 있었다. 하나의 채널만으로 통화해야 하는 VHF 채널 때문에 해경과 세월호 사이에 통신 제약이 있었고(장신혜 2024), 현장에 나가 있는 123정이 아니라 해경 본부가 콘트롤타워가 됨으로써 통신 혼란이 가중되었다는 현장의 어려움은 '못 구한 것이 아니라 안 구했다'는 절규 앞에서 주목의 대상이 될 수 없었다.

　모든 재난은 그것으로부터 배우는 과정이 있어야 하는데, 세월호 참사의 경우에 조사위원회나 시민사회가 너무 많은 시간과 노력을 황당한 음모론을 입증하는 데, 그리고 이런 음모론을 반박하는 데 들였다. 재난 조사는 기술적·법적·제도적 차원으로 구성되어 있는데, 법적 판결이 모두 이루어진 상태에서도 잠수함이라는 외력의 실체를 밝히려는 기술적 조사는 계속되었다(박상은 2022; 박상은 2024). 그러면서 계속해서 관련자에 대한 새로운 조사와 형사 고발이 이어졌다. 과거의 조사위원회에서 밝혀진 사안들이 다시 의혹의 대상이 되어 새롭게 조사되는 일도 있었다. 이런 과정을 지켜보는 시민

사회의 피로는 누적되었고, 이 과정에서 정작 필요한 제도적 개선은 주목받지 못했다. 추모 공간 역시 처음에 바라던 방식으로 진행되지 못했다. 앞서 보았듯이, STS 학자 힐가트너는 모든 재난 조사는 재난에 대한 만족스러운 서사(스토리라인)를 필요로 한다고 강조했다. 세월호 참사에 대한 조사는 이런 서사를 만드는 데 만족스러운 성공을 거두지 못한 경우로 볼 수 있다.[*]

코로나19 팬데믹

코로나19 팬데믹도 재난의 차원에서 생각해 볼 수 있다(장하원 2024; 황정하 2024). 재난으로서의 코로나19 팬데믹은 다른 기술재난과 흡사한 점도 있고 다른 점도 있다. 코로나19 팬데믹은 감염, 전파, 예방 등에서 편차가 큰 불확실성이 존재했고, 다른 기술재난과 마찬가지로 개인의 무력감을 더 증폭시켰다는 점에서 여타 기술재난과 비슷하다. 하지만 코로나19는 전 지구적으로 큰 피해를 입혔는데, 대부분의 기술재난은 이보다는 더 국지적local이었다. 코로나19 팬데믹의 가장 큰 특징은 재난 불평등이 확연하게 드러났다는 점이다. 특히 미국의 경우, 빈민층, 유색인, 노인 등이 더 큰 사망률을 보

---

[*] 이 책의 초고를 쓴 뒤에 세월호 참사에 대한 '백서'라고 불려도 손색이 없을 정도로 이 참사를 치밀하게 분석한 『세월호, 다시 쓴 그날의 기록』(2024)이 출간되었다. 이에 관한 상세한 논의로는 필자가 《서울리뷰오브북스》 제15권(2024 가을)에 쓴 서평을 참고하라.

였다. 한국은 코로나로 인한 사회적 거리 두기가 장기간 지속되면서 소상공인이나 사회적으로 고립된 계층이 크나큰 경제적·정신적 손해를 입었다.

코로나19라는 재난이 드러낸 불평등은 세계 곳곳에서 확인된다 (최규진 2023). 미국의 경우, 사회경제적 지위가 가장 낮은 히스패닉 남성은 인구 10만 명당 코로나 사망자가 178명인 데 비해, 사회경제적 지위가 높은 백인 여성은 6.5명에 불과했다. 무려 27배나 차이가 난 것이다. 한국도 이런 차이를 짐작할 수 있는 지표가 있다. 의료 급여 수급자의 코로나19로 인한 사망률이 건강보험료 상위 20%에 해당하는 사람들보다 세 배가량 높았다. 대도시 거주자보다 중소 도시 거주자가 1.7배, 도시 거주자보다 농촌 거주자가 1.9배 더 사망률이 높았다. 또 다른 연구로 위중증 환자·사망자 중 장애인 비율이 26.7%에 달했다는 연구도 있다. 코로나19 팬데믹은 우리 사회에 존재하는 불평등을 사망률 불평등의 형태로 확연히 드러냈다.

2024년에 코로나 팬데믹이 실질적으로 종식되었지만, 아직 어느 기관에서도 코로나 팬데믹 백서가 나오지 않았다. 시민들은 팬데믹에 대한 경험을 (무의식적이든 의도적이든) 빠르게 망각하고 있다. 우리는 언제 팬데믹이 있었냐는 듯 일상을 살아간다. 그런데 이와 유사한 팬데믹이 언제 우리를 급습할지 모르기 때문에, 코로나 팬데믹에 대한 성찰과 반성, 집단적 기억의 공유가 꼭 필요한 시점이다.

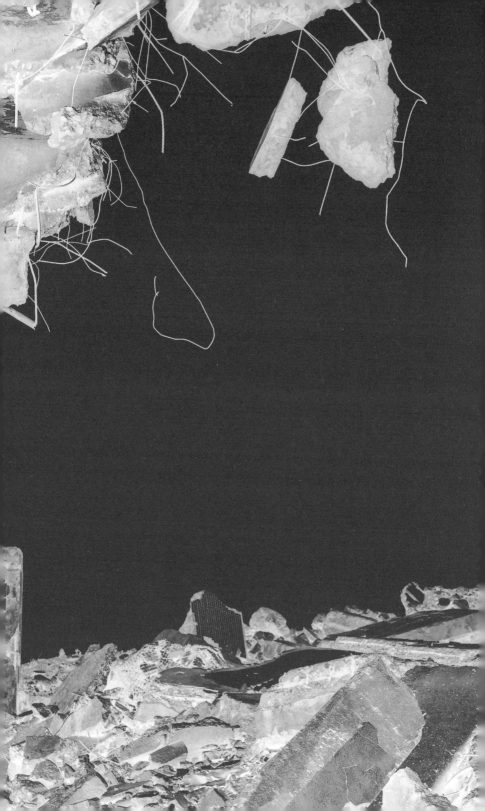

6장

재난과 함께
살아가기

재난을 환영하는 사람은 아무도 없을 것이다. 이 책 초반에 설명했듯이 재난은 우리가 소중하게 생각하는 사람, 재산, 환경에 심각한 피해를 가져온다. 재난을 피해 생존한 사람들과 유가족은 소중한 사람을 잃었다는 상실감과 슬픔, 트라우마를 겪는다. 그럼에도 재난을 피한 사람들이나 유가족은 이 슬픔과 트라우마를 딛고 다시 삶을 이어나가야 한다. 더 바람직한 것은, 물론 매우 어렵지만, 재난의 시련을 겪은 사람들이 더 튼튼하게 공동체를 결속하고 사회를 안전하게 만드는 데 기여하는 것이다. 이런 어려운 과정은 자동적으로 일어나지 않는다. 어떤 공동체는 재난을 겪으면서 더 강고한 연대를 형성하지만, 어떤 공동체는 기존 연대와의 신뢰마저도 산산조각 나는 것을 경험한다.

우리는 재난을 환영하지 않지만, 재난 없는 세상에서 살 수는 없다. 점점 더 안전한 사회를 만들고자 노력해야 하지만, 완전히 안전한 사회를 만들 수는 없다. 새로운 기술과 기반 설비가 계속 늘어나기 때문이다. 어찌 보면 일정 정도는 기술재난과 함께 살아갈 수밖에 없는 것이 우리 현대인의 숙명이다. 이번 장에서는 재난이 우리를 집어삼키지 않도록 재난의 상처를 싸매는 조건에 관해 고민해보기로 하자.

회복성

재난 극복과 일상 회복을 위한 중요한 지표가 회복성^{resilience*}이다. 회복성은 원래 생태학 시스템에서 사용된 개념이다. 예를 들어, 생태학자는 어장 같은 생태 시스템이 훼손된 뒤에 다시 복구되는 상황을 묘사하는 데 회복성이라는 개념을 사용한다. 생태 시스템에서 회복성은 시스템이 변화를 흡수해 시스템을 유지할 수 있는 능력의 척도로 정의된다(Holling 1973).

이렇게 생태학에서 사용되던 회복성 개념이 사회 시스템으로 확장되었다. 사회 시스템에서 회복성은 한 사회가 변화하는 동안 외부 교란을 흡수하고 기본적으로 동일한 기능, 구조, 정체성을 유지

---

* resilience는 회복성, 회복탄력성, 회복력 등으로 번역된다. 여기서는 '회복성'을 채택했다.

할 수 있도록 스스로 재조직화할 수 있는 능력, 또는 동일한 정체성을 유지하기 위해 변할 수 있는 능력을 의미한다. 사회의 회복성과 자연의 회복성은 외부 교란에 맞서 시스템을 유지하는 탄성과 비슷하게 이해된다.

　사회 시스템의 회복성을 잘 드러내는 경우가 재난에서의 회복성이다(박진희 2015). 재난을 겪은 뒤에 개인과 공동체는 재난의 쇼크나 스트레스로부터 스스로를 회복하면서 재난의 경험에서 배우고 성장하는 역량을 보이는데, 이것이 재난 회복성이다. 재난 회복성의 구성 요소로는 견고성, 예비 능력, 융통성, 신속성 등이 있다. 견고성^{robustness}은 교란이나 위기를 흡수하고 이를 견뎌낼 수 있는 내재적 강도로, 시스템이 외부 충격을 받고도 정체성을 유지할 수 있는 능력을 말한다. 예비 능력^{redundancy}은 재난 사고가 발생했을 때 핵심 기능을 유지할 수 있도록 여분의 설비 또는 조직, 백업 시스템 등을 갖추고 있는 것을 말한다. 융통성^{resourcefulness}은 개인이나 조직이 위기 상황에서 기존의 국가 또는 지방 정부의 기능들이 마비되거나 정상적으로 작동하지 못할 때 목적 달성이나 기능 수행을 위한 대체 수단을 빠르게 찾을 수 있는 역량을 의미한다. 마지막으로 신속성^{rapidity}은 유사시 기능 손실을 최소화하고 최악의 시스템 붕괴를 막기 위해 최단 시간 안에 대응하고, 충격으로 인한 기능 저하로부터 원상을 회복하는 순간까지 특정 시점에 발현되는 시스템의 속성을 말한다. robustness, redundancy, resourcefulness, rapidity를 합쳐

4R이라고도 한다.

이런 특성은 물리적·기술적인 측면만이 아니라 사회적·문화적·정치적 차원도 포함한다. 재난의 상황에서는 의사 결정의 분산화, 소통 네트워크의 대체성과 신속성 강화, 수평적인 연계 강화 등이 회복성에 중요하다. 생태 시민권ecological citizenship 같은 시민들의 참여는 회복성을 높이는 데 기여할 수 있다.

그러나 이 책에서 계속 지적했듯이, 기술재난이 회복성을 쉽게 달성할 수 있다고 전제해서는 안 된다. 회복성이라는 개념은 자연재난에는 적절하게 적용될 수 있지만, 기술재난이나 특히 느린 재난에는 달성하기가 매우 힘들다. 회복성을 전제하고 공동체의 결속을 함부로 추동하기보다, 엄밀한 재난 조사와 피해 복구, 회복성에 기여할 수 있는 재난 서사를 만들고 이를 공유하는 실천을 통해 재난의 상처를 서서히 치유하는 자세가 더 중요하다.

공동체 중심의 재난 대응

최근에는 재난 대응의 주체로 정부나 공공 기관만이 아니라 공동체가 점점 더 주목받고 있다. 작가이자 저널리스트인 리베카 솔닛의 허리케인 카트리나 재난의 사례 분석은 잘 알려져 있다(Solnit 2014). 뉴올리언스가 엄청난 수해를 입은 뒤에 정부 기관은 재난 복구 과정에서 관료주의적 절차를 고수하느라 제대로 신속하게 지원하지 못했다. 이런 상황에서 전국의 자원자들이 모여 집 안의 쓰레기를 비우고, 음식을 챙기고, 상담과 의료를 제공해 다시 사람들이 살 수 있는 도시를 재건하고자 헌신했다. 즉, 재난 상황에서 자발적이고 수평적인 소규모 조직이 더 신속하게 대응할 수 있다는 것이다.

또한 정부는 저소득층이 사는 뉴올리언스의 저지대 지역을 아예 없애려고 했지만, 시민단체는 이를 저지하고 재건하도록 예산을 할당하게 했다. 시민들의 자발적인 실천이 도시와 공동체의 회복성에 생기를 불어넣는 역할을 한 것이다. 이 사례는 재난에 대한 상식과 다른 이해를 제공한다. 통상적인 인식으로는 재난이 사회적 무질서를 가져오고 폭동, 약탈, 강간 등 반사회적인 행위를 증폭한다고 보지만, 실제로 많은 경우에 재난은 사람들의 회복성을 드러내면서 관용, 상호부조의 공동체를 즉석으로 꾸려가는 능력이 실현되는 계기가 되기도 한다.

우리나라에서도 2007년 허베이 스피리트호 기름 유출 사건으로 원류 1만 5,000톤이 태안 앞바다에 유출되었을 때, 120만 명의 자원봉사자들이 전국에서 모여들어 어민들을 돕고자 자발적으로 봉사에 참여했다(이영희 2014). 이들은 헝겊과 종이를 이용해 해안가를 오염시킨 기름을 일일이 손으로 청소했다. 이런 노력의 결과로 복구하는 데 수십 년이 걸릴 것이라고 예상했던 태안 앞바다의 생태계가 곧 회복될 수 있었다. 이런 사례는 재난 대응이 시민 공동체 참여와 이타주의 구현의 장이 될 수 있다는 사실을 보여준다. 이처럼 재난 극복에 동참하면서 획득한 시민성을 재난 시민권^{disaster} citizenship이라고 할 수 있다.

애도, 제식, 추모

재난 이후에 애도, 제식, 추모는 형식적인 데 그치지 않고 사회적으로 중요한 역할을 담당한다. 재난 이후 공동체 구성원들은 질서와 안녕이 위협받고 있다는 감정이 팽배한 상황에 놓이는데, 이때 추모제 같은 제식은 어딘가에 속해 있다는 느낌, 사회적 연대를 맺고 있다는 감정, 사회적 질서가 유지되고 있다는 안정감을 확립하는 데 중요한 역할을 한다(Eyre 2007). 시민들은 재난이 발생한 장소를 방문해 꽃을 놓거나, 메모나 편지를 두거나, 술잔에 술을 따르거나, 절을 하면서 애도한다. 희생자들과 무관한 시민이 보상도 없는 일을 위해 자발적으로 시간과 돈을 들인다. 이 애도 행위로 우리의 삶이 연결되어 있듯이 우리의 죽음도 연결되어 있다는 느낌을 갖게 되며, 주변의 더 많은 사람과 이런 느낌을 공유한다. 21세기 이후에는 인터넷과 SNS를 통해 재난 공동체의 공유된 감성이 지역을 넘어 전국 단위로 확산되는 경향을 보인다.

재난 이후 회복 과정에서 가장 중요하게 이루어져야 하는 것은 시신 수습 과정이다. 시간이 오래 걸릴 수도 있지만 수색-정보 공유-시신 수습 과정은 유족들에게는 재난을 현실로 받아들이는 데 매우 중요하다. 살아 있던 사람이 시신이라는 대상이 되고 이를 수습하고 장례를 지내면서 다시 사람으로 확인되는 과정이다. 따라서 재난 희생자들을 숫자로만 명명하는 행동 등은 결코 해서는 안 된다. 공동화장이나 공동 매장은 신속하기는 하지만 바람직하지 않다.

종교도 중요한 역할을 한다. 종교는 산 자의 슬픔을 치유하고 죽은 자의 뜻을 기리는 애도 과정에서 중요하다. 하지만 어떤 경우에는 종교 차이로 갈등이 발생할 수도 있기 때문에, 이런 민감한 부분은 없는지 유념할 필요가 있다. 비종교적인 묵념도 재난이나 테러 공격 이후에 자주 진행되며, 이런 끔찍한 사건이 사회를 분열시키지 않았다는 징표가 된다. 하지만 이런 행위는 동참하지 않는 사람들에게 강요의 성격을 지닐 수도 있기에 주의를 기울여 실시해야 한다.

추모 이벤트 역시 재난과 떼려야 뗄 수 없다. 추모 이벤트를 통해 유가족들은 개인적인 경험을 공유할 수 있고, 희생을 애도하는 시민사회의 구성원들과 함께 슬픔을 공유할 수 있다. 영국에서는 재난이 발생하면 정부에서 추모 이벤트를 하도록 규정되어 있다. 또한 항공기 사고가 많은 미국은 항공 재난이 발생할 경우 회사가 이런 추모 이벤트를 진행하며 추모 주년도 주관한다. 미국의 항공사는 항공기 사고를 오랫동안 경험하면서 추모 이벤트에 대한 프로토콜을 만들어 추모제를 지낸다. 추모제 중에서 1주년 추모제가 가장 중요한데, 무엇보다도 집단적 추억collective remembering의 출발점 역할을 하기 때문이다.

추모 기념물은 기억을 보존하는 역할을 한다. 이런 기념물이 놓인 장소는 영구 추모의 의미를 지닌다. 구체적으로는 재난 장소에 공원을 만들거나, 조용한 곳에 추모탑이나 추모비를 제작하기도 한다. 그런데 한국의 경우 추모 공원이나 추모비, 추모탑이 바람직한 방식으로 조성된 경우는 거의 없다. 천안 국립 망향의 동산에 조성된 KAL 007기 피격 희생자 위령탑과 양재 시민의 공원에 조성된 KAL 858기 폭파 희생자* 위령탑이 그나마 어느 정도 모양새를 갖춘 경우다. 성수대교 희생자 추모탑은 서울 도심고속도로(강변북로)에서 자동차로만 접근할 수 있는 곳에 있고, 도로에서는 거의 보이지도 않는다. 추모탑 옆에는 차를 몇 대 주차할 공간이 있었지만, 한때 이 입구마저 폐쇄해 아예 접근 자체가 불가능했다. 삼풍백화점 참사 이후 백화점 자리에 추모비를 세우자는 의견이 있었지만, 주변 아파트 주민들의 반대로 무산되었고, 위령탑이 삼풍백화점에서 6킬로미터 떨어진 양재 시민의 공원 KAL기 위령탑 뒤에 조성되었다. 삼풍백화점 자리에는 고급 주상복합 건물이 들어섰는데, 그곳 어디에서도 참사의 흔적을 찾아볼 수 없다.

2018년 안산시는 세월호 참사 추모 공원인 4·16생명안전공원

---

* 1987년 11월 29일 이라크 바그다드 국제 공항에서 출항한 KAL 858기가 북한 공작원에 의해 폭파되어 탑승객 115명 전원이 사망한 테러 사건이다.

을 2020년까지 조성한다고 발표했지만, 봉안 시설(납골묘)이 들어서는 것을 반대하는 일부 시민들 탓에 조성이 연기되었다. 안산시는 2024년 10월에 공사를 시작해 2026년에 완공하는 것을 목표로 한다고 공표했는데, 반대하는 시민들을 설득하는 청사진을 제시하지는 못하고 있다. 대구 지하철 참사 추모 공원도 봉안 시설 문제로 주민과 갈등을 겪다가 안전 테마파크 형태로 조성되었다. 이태원 참사 추모 공간은 시청 광장 인근 부림 빌딩 내의 '별들의 집'에 분향소 형태로 조성되었고, 영구 추모 공간은 서울시와 의견이 좁혀지지 않아 현재(2024년 10월)도 밑그림조차 나오지 못하고 있다.

추모 공간은 지나간 참사를 붙잡고 과거에 머물자는 의미가 아니다. 현재 우리의 삶이 참사와 연결되어 있음을 확인하고 상처를 보듬는 공간적 의례다. 다양한 의식과 기념물을 통해 재난을 기억하는 것은 단지 과거의 기억에 정주하는 것이 아니라 상처 입은 공동체를 보듬고 독려해 재난 이후의 미래로 한 걸음 옮기게 하는 과정이다. '아파트 값이 떨어진다', '동네 평판이 나빠진다'라는 이유로 재난 피해자의 추모 공간 건립에 반대하는 행위는 전형적인 '님비NIMBY: not-in-my-backyard(내 뒤뜰에는 안 돼)'이다. 이는 여러 이해관계 당사자들을 장기적인 대화의 장에 포함시키는 참여적인 방식의 거버넌스를 통해 해결될 수 있다. 관계 기관들과 전문가들은 인내심을 가지고 이 과정을 진행해야 하는데, 뉴욕시의 9·11 메모리얼 공원이나 9·11 메모리얼 박물관처럼 잘 조성된 추모 공간이 공동체를 결속하면서 구성원에게 자부심을 심어주는 사례를 참고할 만하다.

[더 읽어보기]

애도, 추모 - 세월호 참사 사례

세월호 참사 사례를 보면 초기에는 자발적인 애도나 추모가 봇물 터지듯 이어졌다. 다른 한편으로 애도나 추모가 제대로 이뤄지지 못한 경우도 있었는데, 대표적으로 세월호 1주기 추모 집회가 그랬다. 2015년 4월 16일부터 18일까지, 세월호 유가족 및 각종 시민단체, 일반 시민 등이 참여해 참사 1주기 관련 집회를 연이어 열었다. 그런데 세월호 추모가 정권에 대한 짐이 될 것을 우려한 정부와 여당은 대규모 집회를 불허했고, 경찰은 인력 및 장비를 동원해 이에 맞섰다. 그럼에도 시위는 갈수록 격화되어 시위대와 경찰 양쪽에서 상당한 인적 피해 및 재산 피해를 냈다.

세월호 7주기 추모식에 해경은 참사 당시 총괄 지휘부가 탑승해 희생자 구조를 방관했다고 비난받았던 3009함을 배정하는 바람에 유가족의 분노를 샀다. 유가족은 해당 선박의 승선을 거부했다. 그렇지 않아도 해경에 회의적이고 비판적이었던 유가족들은 직업의식과 윤리가 결여된 해경의 업무 처리에 분노가 일렁인다고 한탄했다.

세월호 참사 이후에 의료 전문가들은 가족들의 고통을 분석했고, 본인들이 분석한 제도 안에서 피해자를 치료하려 했다. 이들은 다양한 사회적 시도를 통해 적절한 치료 방식을 찾아갔다. 그러나 시간이 지나면서 전문가들은 점점 복잡한 양상으로 드러나는 피해자의 고통과 갈등을 해석하지 못했으며, 세월호 참사와 관련된 구조적 문제의 해결에는 소극적인 태도를 보인 사람도 있었다. 유가족 중에는 전문가들이 진상 규명과 관련된 사안에 대한 결정권을 모두 유가족들에게 맡기고 자신들은 한발 물러섰다고 느낀 사람도 있었다. 실제로 일부 전문가들은 유가족들이 제기하는 특정한 사회적·정치적 견해에 이유 불문하고 동의하거나, 다른 경우에는 기계적인 중립을 지키는 듯한 태도를 보였다. 이런 상황에서 참사의 원인을 밝히기 위해 자신들이 끊임없이 학습하고 투쟁해야 했다고 느낀 유가족들도 있었다. 이 과정에서 피해자들이 원인 조사의 전면에 나서는 것이 당연한 절차가 되었고, 세월호 참사에 우리 사회가 저지르고 용인한 편법과 부정부패가 강력한 원인을 제공했다는 사실은 망각되었다.

더 안전한 사회 – 생존자와 유가족의 역할

유가족은 재난 과정에서 가장 사랑하는 사람을 떠나보낸 사람들이다. 이들은 말로 형언하기 힘든 고통과 회한으로 가득한 나날을 보내며, 재난을 유발한 사람이나 조직에 대해 크나큰 분노와 불신을 느낀다. 사회의 다른 사람들로부터 고립된 감정을 느끼고, '피해자

다움'을 강요하는 세상에 대해 낯선 소외감을 경험한다. 유가족들 사이의 연대가 쉽게 형성되는 것도 아니다. 대부분 다른 일상을 살 아가던 이들은 재난 이후 상처받고 멍든 상태에서 서로를 만나는 데, 이런 극한적인 상황에서는 의견 일치를 보기 힘들다. 여기에 재 난 상황에 책임이 있는 자들이 유가족들을 분열시켜 최대한 이익을 얻어내려고 하는 경향이 더해져 유가족 협의회와 같은 조직은 몇 개로 찢어지는 경우도 흔하다(황필규 2024). 그럼에도 더 안전한 사회 를 만들려면 재난에서 살아남은 생존자와 희생자 유가족의 역할이 중요하다.

재난 생존자나 희생자 유가족은 초기에는 굉장한 트라우마에 시 달리게 되고, 어떤 때는 사회나 정치권으로부터 이해하기 힘든 대 우를 받는 경우도 있다. 많은 국민이 세월호 유가족의 슬픔에 공감 했지만, 어떤 이들은 유가족에게 "자식이 희생한 대가로 돈만 바라 는 사람들"이라는 막말을 내뱉기도 했다. 유가족은 조사에 미흡한 부분이 있어 철저한 진상 조사를 요구하는 것뿐인데, 역시 일부 국 민과 정치권은 "이제 지겹다"라는 막말을 쏟아냈다. 이태원 참사 이 후에도 일부는 "놀러 갔다가 죽었는데 왜 국가에 책임을 요구하는 가"라고 하면서 유가족이나 생존자의 진상 규명 요구를 비난했다. 이런 비난은 생존자나 유가족이 재난 상황을 받아들이기 더욱 어렵 게 한다. 재난 연구자나 재난 조사 담당 전문가는 유가족의 심경을 마음속 깊이 포용해야 한다.

재난 생존자와 유가족은 보통 사람들보다 훨씬 더 위험과 재난에 민감해진다. 따라서 이들은 재난을 대비하는 여러 조치와 제도를 만드는 데 선구적 역할을 할 수 있다. 우리나라의 사례로는 씨랜드 화재 참사 유가족들의 한국어린이안전재단, 대구 지하철 참사 유가족들의 2·18안전문화재단이 있다. 이들의 눈물 어린 희생 덕분에 안전사고와 재난에 대비하는 여러 가지 법과 제도가 만들어졌다. 우리가 과거보다 조금 더 안전한 세상에 살고 있다면, 그것은 재난 생존자와 유가족의 힘든 싸움이 열매를 맺었기 때문일 것이다. 재난을 직접 겪었든 겪지 않았든 우리 모두는 '재난 공동체'다.

에필로그

우리는 기술과 함께 살아간다. 어떤 기술은 마치 공기나 물과 같아 그 존재조차 우리 눈에 잘 보이지 않는다. 대부분의 기술 시스템은 긴 시간 동안 안정적으로 작동하지만, 한순간 와르르 무너져 내릴 때도 있다. 눈에 잘 띄지 않았던 구조적·잠재적 문제에 현장 관리자나 운영자의 잘못이 더해졌을 때 갑자기 시스템이 교란된다. 어제까지 멀쩡하던 건물이 갑자기 붕괴한다. 추운 날씨에도 문제가 없던 오링이 갑자기 파열되어 우주왕복선을 산산조각으로 날려버린다. 무거운 짐을 싣고도 잘 다니는 것 같던 배가 평온한 날씨에 순식간에 뒤집힌다. 가족의 건강을 위해 사용하던 가습기살균제가 가족을 죽인 원흉이 된다. 이렇게 예기치 않은 방식으로 기술 시스템은 우리를 배신한다. 그리고 기술에 대한 우리의 신뢰는 산산조각이 난다.

기술재난에 대응하려면 기술 시스템을 이해해야 한다. 우주왕복선이나 원자력발전소처럼 어떤 기술 시스템은 너무 복잡해져 인간의 통제권을 거의 벗어날 수도 있다. 여객기보다 더 복잡한 기술은 인간이 충분히 통제하기 힘들다고 보는 엔지니어도 있다. 사고가 났을 때 재난으로 이어질 수 있는 기술은 가능한 한 사용을 억제하는 것이 바람직하다. 원자력발전소 같은 기술은, 이를 사용하기로 했다면, 재난의 위험 가능성을 받아들인 채로 사용해야 한다. 기술 시스템이 낳는 피해의 정도가 심각하고 그 여파가 오랫동안 지속될 수 있으므로 만약에 이를 사용하고자 한다면 사회 전체의 동의를 얻어야 한다. 몇몇 전문가나 이해관계 당사자, 정치인이 인기를 얻기 위한 전략으로 결정해서는 안 될 문제다.

과거에 자연재난은 '신의 행하심'이나 '자연의 복수'라는 식으로 이해되었다. 자연재난이 휩쓸고 지나가면 피해를 입은 당사자도 어쩔 수 없다고 생각하며, 공동체는 피해자들을 도와 화합하고 더 단단하게 결속을 다지곤 했다. 그러나 기술재난은 '신의 행하심'이나 '자연의 복수'가 아니다. 기술재난은 우연히 일어난 것이 아니다. 따라서 기술재난의 피해자들은 이 참사에 대해 누군가 책임을 져야한다고 생각한다. 책임지지 않을 때 사람들은 국가나 공공기관, 기업의 무책임을 비난한다. 책임자를 찾아 응당한 처벌을 내려달라는 요구는 오래 지속되고, 책임 소재는 분명하게 가려지지 않으며, 책임자가 처벌되고 보상이 이루어져도 충분하지 못하다고 생각된다.

이 과정에서 공동체는 화합하기보다 분열하기 쉽다.

우리가 앞에서 살펴보았듯이 많은 기술재난은 기술 시스템이 가진 구조적 문제와 인적 오류가 결합해 발생하는 것이다. 구조적 문제를 해결하지 않고 책임자 처벌에만 만족한다면 비슷한 재난이 다른 곳에서 또 발생할 수 있다. 어찌 보면 구조적 문제를 고치는 것보다, 사람을 비난하고 벌주는 일이 더 쉽다. 구조적 문제를 고치기 위해서는 일단 재난의 원인을 심층적으로 파악해야 하고, 그 뒤에 기술이나 제도, 법을 바꿔야 하기 때문이다. 하지만 이런 변화가 있어야 기술재난의 반복을 조금이라도 막을 수 있다.

그런데 구조적인 문제를 깊이 이해하고 드러내는 것은 딜레마를 수반한다. 구조적인 문제를 빌미로 책임을 져야 하는 사람들이 자신에게 책임이 없다고 항변하는 경우가 있기 때문이다. 세월호 참사에서 구조에 실패한 해경은 구조적으로 취약했던 세월호가 너무 빨리 침몰해 자신들이 손쓸 틈이 없었다고 항변했고, 선원들은 조난 구조 훈련을 받지 못해 제대로 대처하지 못했다고 항변했다. 이태원 참사 때 구청 관계자들은 좁은 경사 길에 순식간에 사람이 몰려 일어난 사고를 막을 재간이 없었다고 하면서 "우리는 신이 아니다"라고 항변했다. 하지만 재난 조사를 담당하는 조사위원회는 이런 이유로 구조적인 문제에 대한 조사를 소홀히 해서는 안 된다. 재난이 발생하면 우리는 책임을 방기한 사람을 비난하고 이들을 처벌하는 데만 주목하곤 한다. 하지만 기술재난의 반복을 막고 우리 사회와 삶을 더 안전하게 만들기 위해서는 책임자를 법정에 세워 최고형에 처하는 것으로는 충분치 않다. 눈에 잘 보이지 않는 구조적인 문제를 찾아내 이것이 재발하지 않는 제도적·사회적 조건을 구현하는 실천이 더 중요하기 때문이다.

기술재난은 어제까지 멀쩡히 사용하던 기술이 갑자기 망가지거나 무너지는 경우가 많아서, 그 원인을 둘러싸고 음모론적인 설명이 제시되기 쉽다. 이는 자연재난의 경우에는 보기 힘든 현상이다. 음모론은 재난의 배후에 사악한 권력 집단이 존재하며, 이들이 특정한 목적을 위해 비밀스럽게 재난을 설계했거나 재난의 진짜 원인을 감추고 있다는 담론이다. 재난에 대해 음침하지만 정합적인 서사나 스토리라인을 제시한다. 어제까지 잘 작동하던 기술 시스템이 오늘 붕괴한 사실을 받아들일 수 없는 사람들은 이런 음모론에 의존하기 쉽다. 특히 권력 집단과 전문가에 대한 신뢰가 낮은 사회에서 기술재난이 발생하면 음모론은 횡행한다.

음모론을 피하는 방법은 재난 조사를 전문가 위주로 꾸리는 것인데, 세월호 참사에서 보듯이 재난 조사 과정에서 전문가들의 권위는 생각보다 높지 않다. 따라서 한국의 상황에서는 전문가 개인보다 전문가들의 공동체인 학회가 재난 조사에 더 적극적으로 개입하는 것이 바람직하다. 그런데 실상을 보면, 한국에는 사회적으로 논란이 되는 조사위원회에 개입하는 것을 꺼리는 문화가 있다. 전문가 개인만이 아니라 전문가들의 학회도 비슷하다. 의견을 제시했다가 사회적 비난의 대상이 되거나, 정치적 압력을 받거나, 연구비 등에서 불이익을 당하는 위험을 극도로 꺼리기 때문이다. 이런 사례가 많아 시민들이 전문가를 신뢰하는 정도가 더 약해지는 악순환이 반복된다. 게다가 전문가들은 자신의 전문성 기반이 확실한 지식이라고 강조하지만, 재난 조사에서는 전문가 사이에 의견이 갈리는 경우도 많다. 이는 시민의 불신을 초래하는 또 다른 원인이 된다. 게다가 전문가들이 참여를 회피해 생긴 틈새를 일반 시민의 추측성 해석과 음모론이 비집고 들어온다.

이런 모든 문제가 있지만, 그럼에도 기술재난 조사는 전문가로 구성된 위원회에서 이루어져야 한다. 전문가 위원회를 꾸리는 데 여당과 야당의 추천 제도는 적절하지 않으며, 위원회 구성도 전문가들의 협의를 중심에 두고 이루어지는 것이 가장 바람직하다. 이 위원회는 재난에 대한 백서white paper 또는 조사보고서를 작성해야 하는데, 백서나 조사보고서는 재난의 원인과 피해의 정확한 규모, 책임 소재 규명 및 사법적·행정적 절차, 재발 방지책 수립, 기억과 추모, 안전 사회 건설 방안 등을 포함해 재난과 그 이후 세상에 대한 하나의 서사나 스토리라인을 담아내야 한다. 재난의 원인에 대해 합의되지 않은 내용이 담기면, 이런 서사로부터는 우리 사회가 배울 수 있는 내용이 거의 없다. 백서의 형태를 띤 조사위원회 보고서는 재난으로부터 배우고, 재난과 함께 살며, 재난을 이겨내는 가장 중요한 출발점이다. 시민과 사회는 이런 보고서로부터 재난을 받아들이고 이를 극복하는 힘을 얻는다.

마지막으로, 기술재난을 연구하는 '기술재난 연구 센터'가 만들어지는 것도 중요하다. 한국에서는 재난을 자연재난과 사회재난으로 나눈 상태에서 자연재난 위주의 방재 대책을 마련하곤 했다. 사회재난은 분야별로 쪼개져 공학의 하위 분야인 방재 공학에서 다루어졌다. 기술재난 센터를 신설한다면 공학적 분석은 물론 사회과학적 분석을 함께 융합해 기술재난을 이해하고, 지금까지 국내와 해외에서 일어난 기술재난을 상세히 분석하면서, 백서가 만들어지지 않았던 재난 사례는 백서를 작성하고, 이런 재난이 우리 모두의 사회적 삶의 일부라는 사실을 시민들이 배울 수 있도록 컨텐츠나 미디어를 제공할 수 있다. 기술재난 연구 센터는 전문가의 자문을 받아 기술재난의 원인을 분석할 수도 있고, 전문가들의 의견이 갈릴 때 어느 쪽 의견이 더 타당한지 조금 더 객관적인 판단을 내릴 수도 있으며, 추모나 위령비와 같은 제식에 대한 자문을 제공할 수도 있다.

우리는 재난 희생자들의 안타까운 생명 때문에, 규제와 제도를 바꾸기 위해 눈물과 땀을 흘린 유가족들의 노력 때문에 조금 더 안전한 삶을 살아간다. 재난은 우리 사회의 과거와 현재와 미래를 이어주고, 우리 모두를 '재난 공동체'로 묶어준다. 재난과 참사는 우리 곁에 있을 뿐만 아니라 우리 안에 있다. 그렇다면, 과학기술의 시대에 기술재난은 이해하고 극복하는 대상에 그치지 않고, 함께 살아가고 살아내야 할 대상이 된다. 재난은 나의 일부인 것이다.

부록 1
위험, 기술위험과 숙의의 정치

위험과 위험 인식

재난과 위험은 다르다. 재난은 공동체의 생명과 재산에 큰 손실을 입히는 사건을 의미하지만, 위험은 발생하지 않은 미래의 부정적 사건에 대한 확률로 정의된다. 예를 들어, 비행기 추락 사고는 재난이지만, 비행기의 위험은 '비행기를 탔을 때 사고가 나서 부상을 입거나 목숨을 잃을 가능성'이다. 비행기 사고가 자주 뉴스에 나오기는 하는데, 실제로 비행기를 타다가 목숨을 잃을 확률은 높지 않다. 세계에서 가장 안전한 항공사 39개의 경우, 비행기 탑승 중 사망할 확률이 약 2,000만분의 1이다. 가장 안전하지 않은 항공사 39개의 경우도 약 200만분의 1이다. 200만 번에서 2,000만 번까지 비행기를 타야 사망 확률이 1이 되는 것이다. 번개에 맞아 죽을 확률이 100만 분의 1이라는 것을 고려하면, 비행기는 우리가 느끼는 것보다 매우 안전한 교통수단이다. 적어도 대부분의 비행기는 자동차보다 안전하다. 하지만 많은 사람이 비행기를 탈 때 왠지 불안한 마음을 떨쳐버릴 수 없다. 아마 자동차보다 더 위험하다고 느끼는 사람들도 많을 것이다.

비행기가 자동차보다 덜 위험하다는 것은 사고 확률이 적다는 것을 의미한다. 이처럼 위험을 확률로 정의하는 것은 17세기에 도박의 승률을 확률로 계산한 초기 전통부터 18세기 보험 수학의 발전까지 확률론의 역사와 함께 발전해 왔다. 20세기에 복잡한 기술이 발달하면서 부품의 안정성을 계산한 후 이를 합산해 시스템의 위험을 확률적으로 산출하는 방법이 등장했다. 특히 1970년대 초엽에 미국 원자력위원회Atomic Energy Commission, AEC가 확률적 방법을 이용해 원자력발전소의 안전성을 분석한 라스무센 보고서Rasmussen Report를 발표한 후, 확률적 방법이 기술위험 분석의 주류가 되었다(Carlisle 1997). 라스무센 보고서는 발전소 부품의 실패 확률을 기반으로 원자력발전소의 위험을 연간 사망자 수로 계산했고, "원자력발전소 근처에 살다가 사고로 사망할 확률은 운석에 맞아 사망할 확률과 같다"라는 유명한 결론을 제시했다. 운석에 맞아 죽는 경우를 거의 생각하지 않고 살듯이, 원자력발전소 사고도 걱정할 필요가 없다는 의미였다. 그러나 이 보고서가 널리 유포된 직후인 1979년에 스리마일섬 원자력발전소 사고가 발생하자 확률적 위험 평가에 대한 불신이 커졌다.

확률적 위험 평가에는 오류 가능성 외에도 확률이 주관적이라는 문제가 있다. 확률은 수치를 해석하는 데 사람의 주관이 개입한다. 예를 들어, 물이 반이 담긴 컵을 보고 "물이 반이나 남았다"라고 하는 사람과 "물이 반밖에 남지 않았다"라고 하는 사람이 있다. 이는 같은 확률을 다르게 해석할 수 있음을 보여준다. 이런 심리적 편향은 일반인뿐 아니라 전문가 사이에서도 드러난다. '전염병이 도는 지역에 600명의 주민이 있고, A 방법을 사용하면 200명이 확실히 목숨을 건지지만, B 방법을 사용하면 600명 모두가 목숨을 건질 확률이 3분의 1이고, 아무도 목숨을 건지지 못할 확률이 3분의 2인 상황'을 가정해 보자. A와 B 중 무엇을 택할 것인가를 질문하면 일반인은 물론 전문가 대부분도 200명을 확실히 구하는 A 방법을 선택한다. 그러나 이 문제를 다르게 물어보면 상반된 결과가 나온다. 'A 방법을 선택하면 400명이 확실히 목숨을 잃고, B 방법을 선택하면 600명 모두 생존할 확률이 3분의 1이고 전원 사망할 확률이 3분의 2인 상황' 중 무엇을 택할 것인가를 물어보면 대부분 B 방법을 선택한다. 이는 400명이 확실히 죽는 것보다 확률적인 선택이 더 희망적으로 보이기 때문이다. 그러나 두 질문은 정확히 똑같은 것이다. 단지 표현 방식에 따라 정반대의 답변이 나올 정도로, 확률은 심리적 편향에 영향을 받는다(Tversky and Kahneman 1981).

1969년 미국의 엔지니어 C. 스타$^{C. Starr}$는 기술위험을 사회적 이득과 비교한 논문을 발표했다(Star 1969). 그는 사람들이 더 높은 임금을 받으면 위험한 일도 감수하는 경향이 있다는 점에 착안해 위험에서도 비슷한 경향을 예상했지만, 실제로는 단순한 손익계산만으로는 파악하기 어려운 변칙이 있음을 알게 되었다. 예를 들어, 스키를 타거나, 담배를 피우거나, 사냥을 하다가 죽을 확률이 원자력발전소 근처에 살다가 방사능 사고로 죽을 확률보다 높다고 나왔지만, 사람들은 전자를 기꺼이 즐기면서 후자에 대해서는 극도의 불안감을 가진다는 사실이 발견되었기 때문이다. 확률만으로 보면 자동차나 흡연이 핵발전소보다 훨씬 위험하지만, 사람들이 느끼는 위험 인식은 이와는 정반대였다. 그의 연구는 사람들이 스스로 선택한 위험에 관대하다는 사실을 보여주었는데, 심지어 강제로 부과된 위험에 대해서는 위험 체감도가 약 1,000배까지 증가했다.

이런 연구 전통 속에서 위험 인식$^{risk\ perception}$을 연구한 심리학자 폴 슬로빅$^{Paul\ Slovic}$과 동료들은 사람이 '끔찍한 결과'와 '미지의 정도'에 비례해 위험을 체감한다는 사실을 발견했다. '끔찍한 결과'는 통제 불가능성, 두려움, 대재앙 가능성, 돌이킬 수 없는 결과, 위험의 불균등한 분배 등으로 정의되며, '미지의 정도'는 관찰 불가능성, 무지, 전례 없음, 피해의 지연 등에 따라 결정된다. 당연히 사람들은 끔찍함과 미지의 정도가 모두 큰 경우를 가장 위험하다고 느낀다. 시민의 위험 인식은 이 두 요소의 조합으로 결정된다.

그런데 끔찍함과 미지의 정도는 시간에 따라 변한다. 자동차가 처음 도로를 달리기 시작했을 때는 자동차 사고가 끔찍하고 미지의 요소도 많았지만, 시간이 지나면서 대부분의 자동차 사고는 받아들일 만한 위험으로 인식되기 시작했다. 슬로빅과 동료들의 연구에 따르면, 1978년에는 사람들이 가장 끔찍하게 생각한 위험이 원자력발전소와 살충제였다. 항공기는 끔찍함이 큰 편이었지만, 미지의 정도는 중간이었다. 끔찍함은 적지만 반대로 미지의 정도가 큰 것은 식품첨가물의 위험이었다. 자전거와 스키는 끔찍함과 미지의 정도가 모두 낮은 위험으로 인식되었다(Fischhoff et al. 1978).

그런데 1987년에 발표된 연구에서는 차이가 발견된다. 원자력발전소 사고의 끔찍함은 여전히 높았지만 미지의 정도는 많이 낮아져, 유전자 조작 같은 DNA 기술이나 초음속 항공기보다 작았다. 이 시기에는 끔찍함과 미지의 정도가 모두 높은 기술로 DNA 기술이 꼽혔다(Slovic 1987). 2016년의 연구에서는 원자력발전소의 끔찍함이 1987년과 비슷하게 유지되었지만, 오히려 미지의 정도가 더 올라갔다. 흥미롭게도 2016년 연구에서는 과거에 비해 살충제의 끔찍함이 많이 떨어졌고, 백신의 위험에 대한 미지의 정도와 끔찍함의 정도가 모두 과거에 비해 많이 증가했다. DNA 기술은 위험한 기술에서 아예 빠지게 되었다(Fox-Glassman and Weber 2016). 이처럼 위험 인식은 시간에 따라 변하며, 과학적 지식이 늘어남에 따라 비례적으로 줄어들지도 않는다.

영국에서 광우병 파동을 겪은 후 수행된 왕립협회의 연구도 사람들이 위험을 1) 사망자의 수, 2) 끔찍함, 3) 과학자들 간의 의견 불일치 정도, 4) 대재앙의 가능성과 같은 요소들로 평가한다고 분석했다. 이 연구에 따르면, 사람들의 위험 체감은 직업, 계층, 성별, 학력에 따라 다르게 나타났다. 또 다른 연구는 위험을 더 두렵게 만드는 요소로 1) 비자발성, 2) 불평등, 3) 도망갈 수 없음, 4) 새로움, 5) 인간이 만든 것, 6) 감춰진 것과 돌이킬 수 없는 것, 7) 어린이나 후속 세대에 지속되는 성격, 8) 무서운 정도, 9) 과학의 무지, 10) 전문가들 사이의 의견 불일치를 꼽았다. 전문가들은 위험을 연간 사망자 수로 확률적으로 계산하지만, 이러한 분석은 사람들이 위험을 단순한 확률로만 받아들이지 않는다는 사실을 보여준다.

문화인류학자 매리 더글러스[Mary Douglas]와 동료 에런 윌다브스키[Aaron Wildavsky]는 위험에 대한 또 다른 접근을 제시했다(Douglas and Wildavsky 1982). 이들은 자이레의 렐레 부족이 다른 자연적 위협보다 벼락을 가장 큰 위험으로 간주한다는 사실을 발견했다. 반면, 히마족은 여성이 소를 만지거나 우유와 곡물을 섞는 행위를 가장 위험한 것으로 여겼다. 이 사실은 한 사회가 여러 위험 요소 중 일부만을 선택해 심각한 위험으로 여긴다는 것을 의미했다. 더글러스는 원시 부족뿐만 아니라 현대사회에서도 비슷한 '위험 포트폴리오'를 유지한다고 보았다. 특정 대상을 위험하다고 간주하는 것은 그 대상을 비난하고 오염된 것으로 낙인찍는 행위이며, 이러한 비난은 사회

구성원들의 결속을 위한 정치적 동기와 관련 있다는 것이 문화인류학자인 더글러스의 해석이었다. 이는 위험이 심리적 요소뿐만 아니라 사회문화적 맥락도 포함하고 있음을 보여준다.

더글러스와 윌다브스키는 이 분석을 현대 미국 사회에도 적용했다(Douglas and Wildavsky 1982). 이들은 그리드(grid: 개인이 사회적 규칙의 영향을 받는 정도)와 그룹(group: 개인이 그 집단에 속한다고 느끼는 정도)에 따라 사회를 네 가지 유형으로 분류했고, 이를 위험 인식과 관리의 관점에서 확장했다. 먼저, 고그리드$^{high\ grid}$-고그룹$^{high\ group}$의 사회는 복잡하고 위계적인 특징을 보이며, 이러한 사회는 다른 위험보다 사회적 연대를 해치는 위험을 더 심각하게 받아들인다. 이들은 엄격하지만 관대한 자연관을 가지고 있으며, 지속적인 과학적 정보 제공이 위험 관리를 위해 효과적일 수 있다. 반면, 고그리드$^{high\ grid}$-저그룹$^{low\ group}$의 사회는 소외된 숙명론적 특성을 보이고, 변덕스러운 자연관을 가지고 있으며, 전형적인 님비 성향을 보인다. 저그리드$^{low\ grid}$-고그룹$^{high\ group}$ 사회는 분파적이지만 평등주의적 속성을 지니며, 이들은 자연이 취약하다고 생각하므로 위험 관리에 적극적인 참여를 유도하는 방법이 효과적이다. 마지막으로 저그리드$^{low\ grid}$-저그룹$^{low\ group}$ 사회는 개인적이고 경쟁적인 특성을 지니고 있으며, 이들은 인간의 간섭을 최소화해야 한다는 온화한 자연관을 가지고 있어, 자유방임적인 경제 분석을 통한 손익 분석이 효과적일 수 있다. 이러한 분석은 다른 문화권의 위험 인식 차이를 비교하거나 한 사회 내의 다양한 집단의 위험 인식 차이를 설명하는 데 유용하다.

이 분석은 위험관리에서 정보 전달만큼 중요한 것은 새로운 상황에 대한 적응, 의미의 공유, 상호 신뢰임을 보여준다. 더글러스는 이를 바탕으로 위험 평가의 새로운 방정식을 제안했는데, 이 방정식은 식의 오른편의 두 번째 항, 즉 신뢰, 책임 수용, 절차에 대한 동의가 크면 클수록 위험은 줄어든다는 사실을 보여준다. 위험 커뮤니케이션이 과학적 확률만 제시한다고 그 목적을 달성할 수 없다는 것을 알 수 있다.

위험 = (확률×피해의 심각성[범위]) - (신뢰×책임 수용×절차에 대한 동의)

탈정상 과학과 예측적 거버넌스

20세기 후반 이후 특히 문제가 된 위험은 피해의 가능성이 크고, 합의가 어렵고, 신기술에 의해 발생하며, 부담이나 이득이 불공평하게 분배되는 기술위험이다. 기술위험은 전통적인 과학기술 방법으로는 충분히 분석되지 않는다. 실비오 펀토위츠Silvio Funtowicz와 제롬 라베츠Jerome Ravetz는 1992년에 이러한 상황을 설명하기 위해 '탈정상 과학post-normal science'이라는 개념을 제안했다(Funtowicz and Ravetz 1992). 탈정상 과학은 20세기 후반부터 본격적으로 나타난 현상으로, 사실이 불확실하고^{fact uncertain}, 가치가 논쟁적이고^{values in dispute}, 그 여파가 크고^{stakes high}, 판단은 신속히 내려야 하는^{decision urgent} 상황에 관여하는 과학이다. 탈정상 과학의 가장 중요한 특징은 과학의 주체가 '과학자 공동체'에서 주민과 이해관계자를 포함하는 '확장된 공동체'로 변화하고, '과학적 사실'도 주민의 경험, 지식, 역사 등을 포함하는 '확장된 사실'로 바뀌며, 과학자들의 문제 해결 활동이 실험실을 넘어 정치적 타협, 대화, 설득을 포함하는 더 넓은 활동으로 확장된다는 점이다. 이들에 따르면, 현재의 많은 문제는 '정상과학'에 익숙해진 과학기술자와 정치인이 탈정상 과학의 문제를 잘 다루지 못하기 때문에 발생한다.

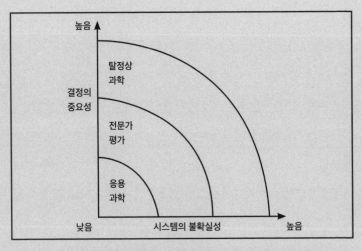

[그림 16] 탈정상 과학. 불확실성과 피해의 여파가 큰 영역이 탈정상 과학이다.

탈정상 과학의 패러다임에서는 전문가들이 안전하다고 결론을 내렸으니 주민은 이를 믿고 따라야 한다는 식으로는 기술위험의 문제를 해결할 수 없다. 정부와 전문가들은 훨씬 더 형평성 문제를 심각하게 고려하고, 편익, 비용, 위험의 공평한 분배를 보장해야 한다. 이러한 인식적·정책적 전환이 님비를 핌비PIMBY: put-in-my backyard(얼마든지 내 뒤뜰에)로 바꿀 수 있다(Rabe 1992). 정부와 전문가들은 대중을 설득하기 위한 일방적인 정보 제공 모델도 버려야 한다. 위험에 대한 커뮤니케이션은 쌍방향으로 이루어져야 하며, 광우병이나 유전자 변형 식품GMO처럼 불확실성이 큰 기술위험에 직면한 상태에서 앞으로 나아갈 수 있는 유일한 방법은 의사 결정 과정에서 광범위하게 확대된 '확장된 공동체'에 의해 합의된 일련의 단계를 천천히 밟아나가는 것이다. 이를 위해 과학기술자는 과학기술 지식의 불확실성을 인정해야 하고, 정치인과 관료는 정치권력을 더 공유하겠다는 데 동의해야 하며, 양측 모두에게 정보 제공은 더 투명해져야 하고, 참가자들은 합의 도출의 책임을 받아들여야 한다.

캐나다의 앨버타주, 퀘벡주, 마니토바주에서 벌어진 핵폐기물 처리장 부지 선정 논쟁을 분석해 보면, 성공적인 사례에서는 논의 초기부터 지역 주민의 참여가 적극적으로 보장되었으며, 이를 통해 정부, 전문가, 지역 주민 간의 신뢰가 형성되었음을 알 수 있다. 또한, 성공한 사례에서는 직접적인 경제적 보상 외에도 지역 개발과 같은 간접적 보상이 추진되었으며, 정부와 기업 간의 역할 분담이 적절히 이루어졌다. 핵폐기물 처리가 그 지역의 보다 광범위하고 장기적인 폐기물 관리 계획과 유기적으로 연관되었고, 지역 자치 차원에서 폐기물의 유출과 유입에 대한 엄격한 통제가 보장되었다. 이러한 참여 중심의 장기적이고 신뢰 구축을 지향하는 정책이 핵폐기물 처리장과 같은 기피 시설의 입지를 가능하게 했다(Rabe 1992).

탈정상 과학의 거버넌스는 과학기술학자인 데이비드 거스턴David Guston의 예측적 거버넌스anticipatory governance와 상통한다. 거스턴은 나노 기술처럼 위험의 불확실성과 혜택이 동시에 큰 첨단 기술의 잠재적 영향을 예측하고 문제가 발생하기 전에 이를 선제적으로 관리하기 위해 예측적 거버넌스 개념을 제시했다(Guston 2014). 이 접근 방식은 다음과 같이 예측foresight, 참여engagement, 통합integration, 앙상블화ensemble-ization의 네 단계로 이루어져 있다.

1. 예측: 시나리오 계획 및 기술 평가와 같은 기법을 활용해 미래 기술의 발전과 그 사회적 영향을 예측한다.

2. 참여: 첨단 기술에 관한 토론에 대중, 정책 입안자, 과학자 등 여러 이해관계자를 참여시켜 다양한 관점과 가치를 고려한다.

3. 통합: 지속적인 감독과 적응을 보장하기 위해 기존의 기술 거버넌스 구조에 예측 프로세스를 포함한다.

4. 앙상블화: 이러한 세 단계는 독립적인 과정이 아니라, 동시에 서로 영향을 주고받으면서 이루어지는 과정이다.

예측적 거버넌스는 잠재적 위험을 예측함으로써 부정적인 영향이 발생하기 전에 이를 완화해 공공의 안전과 신뢰를 강화하는 데 도움이 되며, 신기술의 피해를 최소화하는 것을 목표로 한다. 그리고 이런 구조는 시민과 이해관계자를 참여시키면 다양한 관점과 우려 사항을 다룰 수 있어 민주적이고 포용적인 정책 결과를 도출할 수 있다는 장점을 갖는다. 이는 지속적인 예측과 통합을 통해 새로운 정보와 변화하는 상황에 유연하게 대응할 수 있는 적응적 정책을 수립하는 데 도움을 주며, 잠재적인 윤리적·법적·사회적 문제를 조기에 해결함으로써 원활하고 수용적인 혁신 프로세스를 촉진할 수 있다. 전반적으로 예측적 거버넌스는 새로운 기술이 만들어 내는 위험과 기회를 관리하기 위해 적응적이고 포용적인 접근 방식을 채택하는 것을 의미한다.

정량적 위험 평가와 위험 평가 모델

발암물질, 방사능, 환경오염, 복잡한 기술의 사고 위험 등을 분석하는 위험 분석^{risk analysis}의 대부분은 위험에 대한 정량적 평가를 바탕으로 이루어진다. 이러한 정량적 위험 평가의 첫 번째 전통은 인공물이 오작동해 사고가 발생할 확률을 계산해 위험을 평가하는 방법이다. 1967년 아폴로 우주선 발사 실험 중 파일럿이 사망하는 사고가 발생했고, 이후 모든 우주선에 대해 정량적인 '확률적 위험 평가'probabilistic risk assessment, PRA'가 도입되었다. 이 방법은 각 부품이 오작동하는 사건을 상정하고, 이러한 사건들이 연쇄적으로 큰 사고를 유발하는 시나리오를 작성한 후, 그 시나리오의 확률을 계산해 평가하는 방식이었다. 이러한 방법을 활용해 원자력발전소의 위험과 안전을 계산한 보고서가 앞에서 언급한 라스무센 보고서다.

정량적 위험 평가의 두 번째 전통은 작업장과 식품에서의 발암물질의 위험을 평가하는 방법이다. 작업장의 화학물질과 식품의 농약 잔류물에 대한 위험 논의는 1940년대부터 시작되었다. 초기 논의에서는 독성 물질이 인체에 해로운 영향을 미치려면 인체가 이러한 물질을 포함하는 환경에 특정 수준 이상 노출되거나, 이러한 물질이 인체에 특정 수준 이상 축적되어야 한다는 역치 이론이 제시되었다. 이 이론에 따르면, 화학물질들은 역치 이하에서는 안전하지만, 역치 이상에서는 독성을 띤다고 간주되었다. 그러나 문제는 각각의 화학물질에 대한 역치가 밝혀지지 않았고, 이를 밝히는 것이 쉽지 않았다는 점이다. 연구자들은 짧은 시간 동안 독성 물질에 많이 노출된 작업자들의 인체 변화를 관찰하거나 동물실험을 통해 역치를 추정할 수밖에 없었다.

이 중에서도 미량의 방사능이 암을 유발하는 역치에 대한 주제가 가장 첨예한 논쟁의 대상이었다. 물리학자이자 정책 조언자였던 앨빈 와인버그$^{Alvin Weinberg}$는 "과학이 질문할 수 있지만 과학으로는 답할 수 없는" 문제들을 트랜스과학$^{trans-science}$이라고 정의하면서, 미량의 방사능과 암의 인과성 문제가 바로 이런 트랜스과학에 해당한다고 주장했다(Weinberg 1972). 동물실험을 통해 이를 확실하게 알아내려면 수십억 마리의 쥐를 사용해야 하는데, 이런 실험은 사실상 불가능하기 때문이다. 확률적으로 계산할 수 없는 자연재해나 미래의 불확실성을 가진 신기술의 등장 같은 문제들도 트랜스과학에 포함되었다. 와인버그는 이처럼 과학과 정치가 얽혀 있고 불확실성이 내포된 트랜스과학 문제는 실험실 과학만으로는 해결할 수 없다고 하면서, 이러한 문제를 해결하기 위해서는 민주주의의 의사결정 과정처럼 대중의 참여가 필요하다고 보았다. 트랜스과학은 불확실성을 가진 상태에서 해당 기술을 발전시킬 것인지에 대한 사회적 결정이 필요한 영역이었다.

이러한 상황에서 1970년대 이후 미 행정부의 여러 기관은 자체적으로 위험 평가를 실시해 가이드라인을 발표했다. 1975년 환경보호국Environmental Protection Agency, EPA은 비닐클로라이드vinyl chloride에 노출된 주민들을 위한 정량적 위험 평가를 수행해 발표했으며, 다음 해에는 여러 발암물질의 위험을 평가하는 가이드라인을 내놓았다. 직업안전건강국Occupational Safety and Health Administration, OSHA은 벤젠을 가장 위험한 물질로 규정하고 작업장에서의 노출을 최소화해야 한다는 지침을 제시했다. 그러나 이러한 가이드라인은 기업의 집중적인 비판의 대상이 되었다. 기업들은 EPA가 화학물질의 용량-반응dose-response 관계나 사람들이 이러한 물질에 노출되는 정도를 추정하는 데 심각한 오류를 범하는 바람에 위험하지 않은 상황을 위험한 것으로 만들었다고 주장했다. 또한 이들은 벤젠에 대한 OSHA의 결정을 법원에 제소했고, 대법원까지 간 이 소송에서 법원은 벤젠에 대한 위험 평가가 과학적으로 수행되었다고 보기 어렵기 때문에 가이드라인을 인정할 수 없다고 판결했다. 이 판례를 근거로 기업가들은 EPA 같은 정부 기관이 아닌 독립된 과학자 단체가 위험 평가를 수행해야 한다고 주장했다(Cooke 2009).

이러한 배경 속에서 미국과학아카데미National Academy of Science, NAS의 1983년 위험 평가 보고서가 등장했다(National Research Council 1983). 흔히 Red Book이라고 불리는 이 보고서는 위험 평가 활동이 과학과 정책이 혼재된 활동임을 인정하면서도, 위험 평가라는 과학

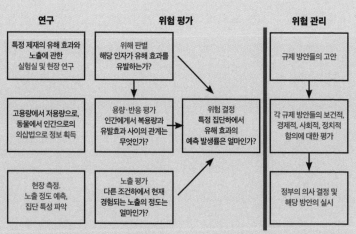

[그림 17] 1983년에 출판된 Red Book에서 정리된 위험 평가와 위험 관리. 이 둘이 확연하게 분리되어 있음을 알 수 있다.

적 분석과 위험 관리라는 정치적 판단과 결정을 엄격하게 분리해야 한다는 '분리주의 원칙'을 천명했다([그림 17] 참고).

우리는 규제 기관들이 위험에 대한 평가와 위험 관리의 방안들에 대한 고려 사이에 분명한 개념적인 구분을 만들고 이것을 유지할 것을 권장한다. 즉, 위험 평가에 내포된 과학적 발견과 정책적 판단은 규제 전략의 고안과 선택에 영향을 미치는 정치적·경제적·기술적 고려로부터 명백하게 구분되어야 한다는 것이다(National Research Council 1983: 7).

이 보고서는 위험 평가가 위해 판별hazard identification, 용량-반응 평가, 노출 평가exposure assessment, 위험 결정risk characterization이라는 네 단계로 구성된다고 정의했다. 네 단계는 겉으로는 순전히 과학적이고 기술적인 고려로 이루어진 것처럼 보였다. 보고서는 이러한 분석을 통해 사람들의 위험 인식에 영향을 미치는 감정적인 요인을 제거할 수 있다고 했으며, 사회적·문화적·정치적·경제적 요인은 위험 평가 단계가 아닌 위험 관리 단계에서 규제 전략을 세울 때 고려되어야 한다고 밝혔다. 앞서 언급했듯이, 기업은 과학적 위험 평가를 정부 규제 기관의 영향에서 독립시키려는 보고서를 선호했다. 이 보고서는 위험 평가를 순수하게 과학의 영역으로 본 과학자들로부터도 환영받았다.

보고서에서 제시한 위험 평가/위험 관리의 구분은 정부 규제 기관에서도 널리 받아들여졌고, 실제 위험 평가 및 위험 관리 과정에서도 활용되었다. 그러나 이후의 실행들은 Red Book에서 제시한 원리가 두 가지 측면에서 지나치게 단순화되었다는 사실을 보여주었다. 첫 번째는 충분한 위험 평가가 항상 바람직한 위험 관리 정책으로 자동적으로 이어지지 않는다는 것이었다. 실제 위험 정책에서 과학적 정보를 단순화해 제공하면 과학적 정보가 오용되는 결과를 낳았고, 모든 정보를 제공하면 이해 당사자들이 과학을 신뢰하지 않게 되는 딜레마가 발생했다. 이는 정량적 위험 평가보다 이러한 평가 결과를 주민이나 시민과 소통하는 위험 커뮤니케이션risk communication이 더 중요하다는 사실을 보여주었다.

두 번째 측면은 위험 평가의 마지막 단계인 위험 결정이 단순히 기술적 위험 평가만으로 이루어지지 않는다는 것이었다. 최종 위험 결정은 위험 관리 단계에서의 피드백을 통해 수정되어야 했고, 이러한 피드백을 고려하면 위험 평가와 위험 관리는 상호작용하는 단계가 되어야 했다. 또한, 위험 결정이 효율적이려면 전문가, 규제 기관, 주민, 산업체 관계자 들이 적절히 참여해야 한다는 사실이 밝혀졌다. 특히 시민이나 주민의 참여가 실질적으로 이루어지려면 이들이 전문가 집단을 신뢰하는 일이 중요했다.

미국국립과학아카데미에서 1996년에 발간된 보고서에는 이러한 이해가 반영되었다(National Research Council 1996). 흔히 Orange

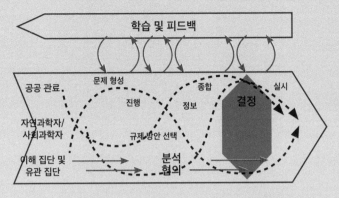

[그림 18] 1996년에 출판된 Orange Book에서 서술된 위험 결정의 복합적 과정.

Book이라고 불리는 이 보고서는 위험 평가와 위험 관리의 이원적
체계를 유지하면서도, 그동안 얻은 다양한 실질적 교훈을 반영해
위험 분석에 대한 새로운 패러다임을 제시했다. 핵심은 위험 결정
단계가 단순히 과학기술적인 분석을 종합하는 것이 아니라, 공무
원, 자연과학자, 사회과학자, 이해 당사자가 함께 분석과 숙의를 진
행하는 단계로 본 것이다([그림 18] 참고). 특히 Orange Book은 과학
기술적 분석만으로는 좋은 위험 판단을 내릴 수 없다고 보았다. "좋
은 분석은 필수적이지만, 그것이 위험 판단에 관여하는 참여자들의
이해를 증진시키는 유일한 방법이 아님은 자명하다. 실제로 분석에
만 의존하는 것은 해가 될 수 있다"(National Research Council 1996: 35)
라는 것이 이 책의 제안이었다.

　이후 위험 분석과 위험 거버넌스 논의는 위험 평가와 위험 관리

를 구분하는 것을 인정하면서도, 위험 평가가 과학기술적 분석만
으로 머무르지 않고, 평가와 관리 영역 사이의 유기적 피드백 상
호작용을 포함하는 방향으로 발전했다. 국제위험거버넌스위원
회International Risk Governance Council, IRGC에서 개발한 통합 모델Integrative
Model이 대표적이다([그림 19] 참고). 이 모델은 위험 평가 대신 위험 사
정risk appraisal이라는 용어를 사용하며, 위험 사정에 정량적 기술위험
평가와 정성적 우려 평가concern assessment를 포함시키고, 위험 사정
과 위험 관리 사이에 '사전 평가'와 '관용 및 수용 판단' 단계를 추가
했다. 사전 평가 단계는 위험을 프레이밍framing해 공통의 이해를 얻

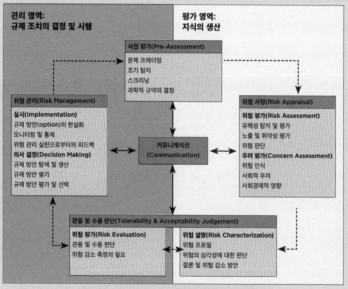

[그림 19] IRGC의 위험 거버넌스 통합 모델(2005).

고, 심각성을 평가해 우선순위 및 주요 가정과 절차적 규칙을 정하
는 단계다. 관용 및 수용 판단 단계는 위험 판단과 사회적 수용 가능
성에 대한 정성적 평가를 포함한다(International Risk Governance Council
2005).

IRGC 모델은 위험 평가와 위험 관리 사이에 정성적 성격의 두
영역을 추가하고, 위험 커뮤니케이션은 사전 평가부터 위험 관리까
지 전 과정에서 전문가와 시민의 관심 사항을 소통하는 역할을 한
다. 이 모델은 위험과 관련된 중요한 인식을 거의 모두 반영하고 있
다. 그럼에도 불구하고, 큰 관점에서 보면 평가 영역과 관리 영역은
기능과 주체가 상이한 두 개의 영역으로 남아 있는데, 이는 IRGC
모델이 Red Book에서의 구분을 계승한 상태에서 문제점을 보완했
기 때문이다. 이로 인해 이 모델은 복잡하고 불확실하고 모호한 위
험을 현장에서 다루고 관리하는 데 충분히 유연하지 못하다는 문제
가 있다. 즉, 모델 자체의 적응적 속성이 약하다.

IRGC 통합 모델을 만드는 데 중요한 역할을 한 독일의 위험 연
구자 오르트빈 렌Ortwin Renn과 동료들은 평가와 관리가 하나의 사이
클에서 물려 있는 새로운 적응적 모델adaptive model을 제시했다(Renn
et al. 2011). 이 모델에서는 위험 거버넌스가 사전 평가pre-estimation, 학
제적인 위험 산정interdisciplinary risk estimation, 위험 결정risk characterization,
위험 평가risk evaluation, 위험 관리risk management의 단계로 나뉜다. 특
히 주목할 것은 학제적 위험 산정 단계인데, 여기에서는 과학기술

분석에 근거한 위험 진단risk assessment과 경제학·사회과학 연구에 근거한 '우려 진단concern assessment'이 함께 포함된다. 우려 진단에는 위험이 사회의 갈등이나 붕괴를 낳는지를 평가하는 것이 포함되는데, 여기에는 1) 불평등과 부정의, 2) 심리적 스트레스, 3) 사회적 갈등의 잠재 요소, 4) 시장이나 기업에 대한 신뢰 상실 등의 스필오버spill-over 효과 등에 대한 고려가 포함된다.

다음 단계는 위험 평가 단계다. 이 단계에서는 논의 대상이 되는 위험이 수용할 수 있는 것인가, 아니면 수용할 수 없는 것인가에 대한 평가가 이루어져야 하며, 따라서 위험 거버넌스의 사이클 중에서 가장 어려운 단계다. 위험을 평가할 때 과학적 증거는 분명한데 가치가 혼란스러운 '규범적 모호성'이 있을 수도 있고, 거꾸로 가치는 명백한데 과학적 증거가 혼란스러운 '해석적 모호성'이 있을 수도 있다. 과학적 증거와 가치 모두 혼란스러운 예도 있는데, 이런 경우에는 위험 평가를 하는 것이 불가능에 가까울 정도로 어렵다. 클린케A. Klinke와 렌Renn은 기후 위기라는 위험이 마지막 세 번째 유형에 속한다고 평가한다(Klinke and Renn 2012).

하지만 사회는 이 단계에서 위험이 '수용할 만한acceptable' 것인지, '참을 수 있는tolerable' 것인지, 또는 '참을 수 없는intolerable' 것인지 판단해야 한다. 이것을 판단하는 기준은 위험의 발생 가능성과 사회적 충격인데, 앞에서 보았듯이 사회적 충격은 그 사회가 가지고 있는 심리적 상태와 세계관 등에 좌우된다. 전반적으로 확률이 낮고 충격이 작은 위험은 수용할 만한 것으로, 확률이 높고 충격이 재앙 수준인 위험은 참을 수 없는 것으로 분류되지만, 이는 선형적이고 결정론적인 방식이 아니라, 2차원의 평면 위에서 확률로 결정되며, 세 영역 사이에도 '회색 지대'들이 존재한다. 이런 과정을 통해 수용할 만하다고 평가된 위험은 다른 조치를 취하지 않아도 된다. 반면에 참을 수 있는 위험은 위험 경감 조치가 취해져야 하며, 수용 불가능한 위험은 금지나 대체 조치를 취해야 한다(Klinke and Renn 2012).

마지막 위험 관리의 단계에서는 위험의 복잡성, 불확실성, 모호성에 따라 다른 관리 방식이 도입될 필요가 있다. 첫 번째로, 위험의 복잡성, 불확실성, 모호성이 모두 작은 영역에서는 위험-편익 분

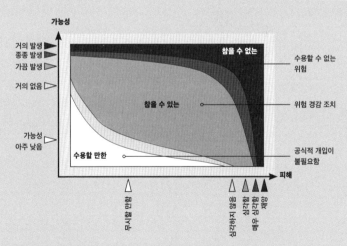

[그림 20] 확률(y축)과 사회적 충격(x축)을 기준으로 위험을 '수용할 만한' 위험, '참을 수 있는' 위험, '참을 수 없는' 위험으로 나누는 방식. (출처: Kline and Renn 2012, p. 283)

석^{risk-benefit analysis}처럼 잘 알려진 방법 등을 사용한 '선형적 위험 관리' 방식을 사용해도 좋다. 하지만 불확실성과 모호성은 적지만 복잡성이 큰 위험에 대해서는 전문가들의 확장된 위험 산정 방식 등을 적용한 '위험-정보에 입각한 위험 관리^{risk-informed risk management}' 방식을 사용해야 한다. 이런 관리가 복잡한 위험을 분석해 다룰 수 있기 때문에, 대중의 우려 등을 포함해 고려하는 것은 적절하지 않다. 불확실성이 크지만 모호성이 작은 경우는 '사전주의에 기반한 위험 관리^{precaution-based risk management}' 방식을 채택해야 한다. 마지막으로 모호성이 큰 경우에는 이해관계 당사자들과 대중 모두를 토론에 참여시켜 합의나 타협을 이끌어내는 '담론에 기반한 위험 관리' 방식이 채택되어야 한다(Klinke and Renn 2012).

기술위험을 둘러싼 갈등과 해결의 원칙

현대 기술 프로젝트는 그 영향이 전 세계의 모든 시민에게 미치며, 정부가 추진하는 대규모 프로젝트는 대개 시민의 세금을 재원으로 삼는다. 따라서 시민들은 기술 프로젝트에 대한 정보 접근 권리, 과학기술 정책 과정 참여 권리, 합의에 기초한 의사 결정을 주장할 권리, 그리고 개인이나 집단을 위험으로부터 보호할 권리를 갖고 있다. 더욱이, 사회가 민주화됨에 따라 절차적 정당성이 중요해진다. 정책의 효율성뿐만 아니라 정책이 결정되는 과정의 민주성도 중요한 요소가 되는 것이다. 민주적으로 결정된 정책은 더 많은 시민의 지지를 받으며, 결과적으로 효율성도 높아진다. 반면, 전문가와 정부 관료가 비밀리에 결정한 정책은 종종 시민들의 반발을 사며 효과적으로 실행되기도 어렵다.

이러한 점을 고려할 때, 위험을 줄이는 것을 목표로 하는 정부와 전문가들은 대중에게 정보를 제공하고 설득하려는 일방향 커뮤니케이션 방식을 버려야 한다. 위험에 대한 커뮤니케이션은 쌍방향이어야 하며, 광우병의 위험이 있는 미국산 소고기 수입처럼 불확실성이 큰 기술위험에 직면했을 때, 의사결정 과정에 광범위하게 확장된 공동체(과학기술자, 관료, 주민, 이해 당사자 등)가 주체가 되어 공동체가 합의한 일련의 단계를 천천히 밟아나가는 것이 유일한 방법이다. 이를 위해서는 앞서 말했듯이 과학기술자들은 과학기술 지식에 불확실한 부분이 있다는 점을 인정하고, 정치인과 관료는 권력을 더 공유할 의지를 보여야 하며, 양자 모두에게 정보를 더 투명하게 제공해야 하고, 참가자들은 합의에 도달할 책임을 받아들여야 한다. 위험을 확률 과학으로만 해석해 과학의 이름으로 시민을 설득하려는 시도는 위험을 줄이는 데 도움이 되지 않고 오히려 체화된 위험을 더 키울 수 있다.

민주주의 사회는 오래전부터 시민들의 여론을 수집하고 청취해 정책에 반영해 왔다. 그런데 공청회나 국민투표는 소극적인 시민 참여 모델에 속한다. 최근에는 더 적극적인 의미의 다양한 시민 참여 메커니즘이 각국에서 실험적으로 또는 실질적으로 운영되고 있다. 이러한 적극적 시민 참여 메커니즘에는 합의 회의, 시나리오 워크숍, 시민 배심원, 시민 자문 회의, 규제 협상이 포함된다(Fiorino 1990). 이들 중 규제 협상은 이해관계 당사자 간의 협의를 주된 목적으로 하여, 나머지 네 제도와는 구별된다. 의사 결정의 영향력은 주민 투표와 규제 협상이 강하며, 다른 경우는 상대적으로 미약하다. 당사자 간의 토론은 규제 협상과 시민 패널에서 체계적으로 보장되지만, 다른 유형에서는 형식적으로 진행되는 경우가 많다. 그러나 규제 협상은 광범위한 대중 참여가 어렵다는 문제가 있으며, 공청회는 반대자들의 목소리가 지배적일 수 있다는 약점이 있다. 따라서 이러한 참여 기제는 상호 보완적으로 사용되어야 한다.

20세기 말부터는 특히 위험한 과학기술 관련 정책 결정에 시민을 민주적으로 참여시키는 합의 회의consensus conference가 주목받으면서, 전 세계에서 다양한 방식으로 실험되었다. 합의 회의는 과학기술과 관련된 논쟁적 쟁점에 대해 일반 시민 패널이 자체적인 토론 및 숙의를 통해 합의를 도출하도록 유도하는 제도다. 이 과정에서 시민 패널은 전문가 패널과 심도 있게 의견을 교환하고, 전문가의 자문을 구하며, 도출된 합의는 정책에 반영하는 방식이다. 덴마크, 영국 등 유럽 국가들은 논쟁적 정책 결정에 합의 회의 방식을 도입했으며, 미국에서도 1997년 정보 통신 정책을 놓고 합의 회의가 열렸다. 일본도 여러 차례 합의 회의를 개최했고, 대만은 가장 활발하게 합의 회의를 운영하는 국가 중 하나다. 우리나라에서는 1998년과 1999년에 유네스코 한국 위원회가 각각 "유전자 조작 식품의 안전과 생명 윤리"와 "생명 복제 기술"을 주제로 합의 회의를 개최했고, 2003년에는 참여연대 시민과학센터가 "전력 정책의 미래에 대한 시민 합의 회의"를 개최해 원자력의 단계적 폐지를 결론으로 제시했다. 합의 회의 외에도 조류독감과 국가 재난 대비 체제와 관련해 시민 배심원제가 실험적으로 시도되기도 했다.

하지만 2010년 이후에는 합의 회의나 시민 배심원제 같은 시민 참여 거버넌스의 방식이 더 이상 시도되지 않고 있다. 최근 몇 년 동안, 신기술의 사회적 영향을 평가하는 과정에 시민 대표단을 포함시키는 '기술 영향 평가^{technology assessment}'가 정부 주관으로 매년 한두 가지 기술을 대상으로 이루어지고 있다. 2021년에는 '레벨 4 이상 자율 주행,' 2022년에는 '합성생물학,' 2023년에는 '양자 기술'에 대해 기술 영향 평가가 이루어졌다. 기술 영향 평가의 결과는 정부와 의회에 제출되어 정책 입안의 참고 자료로 사용되지만, 아직 전문가나 관료의 결정에 강제성이 없고 실제적인 규제로 작용하지 못한다는 한계를 갖는다. 이러한 한계를 극복하기 위해서는 제도적 개선뿐만 아니라 위험 거버넌스에 대한 시민의 관심과 참여 의지 확대도 병행되어야 한다.

기술위험 커뮤니케이션

우리가 접하는 기술위험의 상당 부분은 '참을 수 있는 위험'에 포함된다. 위험 커뮤니케이션을 잘하면 이 위험이 '수용할 만한 위험'으로 바뀔 수 있다. 반면에 위험 커뮤니케이션이 실패하면 이 위험이 '참을 수 없는 위험'으로 격상될 수도 있다. 위험은 재난이 아니라 부정적 사건이 일어날 미래의 가능성인데, 위험을 놓고 패닉에 빠져 사회적 재난의 상황이 연출될 수도 있다. 위험 커뮤니케이션은 과학기술 커뮤니케이션의 작은 부분이었지만, 최근에는 과학기술 커뮤니케이션에서 점점 더 핵심적인 부분을 차지하고 있다.

위험 커뮤니케이션의 핵심은 과학자, 관료, 정치인 일부를 포함한 전문가들과 시민들 간의 신뢰다. 신뢰는 일반적으로 1) 지식과 전문성, 2) 개방성과 정직성, 3) 관심과 배려에 대한 인식에 기반을 둔다고 여겨진다. 이는 상당히 주관적인 개념으로, 상대방이 미래를 준비하고 나를 배려하며 위기나 기회를 수용한다고 생각하면 신뢰가 증가한다. 신뢰를 1) 목표에 대한 헌신, 2) 능력, 3) 배려, 4) 예측 가능성의 특성으로 보는 사람도 있고, 1) 역량, 2) 객관성, 3) 공정성, 4) 일관성, 5) 선의의 특성으로 보는 사람도 있다. 이와 유사하게 1) 배려와 공감, 2) 몰입과 헌신, 3) 역량과 전문성, 4) 정직과 개방성을 강조하는 사람도 있다(Peters et al. 1997). 프랜시스 후쿠야마[Francis Fukuyama]는 신뢰를 "어떤 공동체 내에서 그 구성원들이 보편적인 규범에 따라 규칙적이고 정직하고 협력적인 행동을 할 것이라는 기대"로 정의했다(Fukuyama 1996).

B. 바버[B. Barber]는 과학에서의 신뢰를 두 가지 범주로 나누어 분석했다(Barber 1987). 첫 번째 유형은 전문성에 대한 신뢰로, 사람들은 일반적으로 전문 지식을 가진 이들의 능력을 신뢰하는 경향이 있다. 두 번째 유형은 도덕적 책임감에 대한 신뢰로, 사람들은 사적 이익보다 도덕적 규범을 중시하는 이들에게 신뢰를 보낸다. 바버는 과학기술이 큰 영향을 미치는 현대사회에서 과학자는 내부뿐만 아니라 외부의 다양한 제도와 대중으로부터도 이 두 가지 기준을 충족해야 한다고 주장한다. 과학자가 신뢰를 얻는 데 필요한 요소는, 첫 번째 범주에 해당하는 과학 연구의 합리성, 실험적 증거에 의한 공정성 등과, 두 번째 범주에 해당하는 과학자 공동체가 공유하는 규범, 즉 '조직적 회의주의', '지식의 공유', '공평무사' 등을 준수하는 태도를 포함한다. 과학기술자가 전문성이 부족해 실수를 저지르면, 첫 번째 이유로 인해 신뢰가 떨어진다. 반면, 논문 조작 등은 과학자의 도덕적 규범에 대한 신뢰를 실추시킨다. 전문가 집단이 대중의 신뢰를 얻기 위해서는 전문적 유능함뿐만 아니라 자신들에게 부여된 윤리적·도덕적 책임감을 충실히 이행해야 한다.

님비와 같은 태도가 나타나는 중요한 이유 중 하나는 전문가들의 언행이 신뢰를 잃었기 때문이다. 위험을 둘러싼 논의 과정에서 신뢰를 유지하는 것은 특히 어려운데, 이는 불확실성이 크고, 전문가들도 의견이 극단적으로 나뉘며, 대중들은 공포와 미지에 대한 기준으로 위험을 평가하기 때문이다. 따라서 서로의 의견을 끝까지 청취하고 지역사회의 문화와 전통을 세심하게 고려하는 태도가 중요하다. 미국 네바다주 유카산에 설치하려던 핵폐기물 처리장이 주민 반대로 무산된 이유 중 하나는 주민들이 핵폐기물 처리장에 대해 핵무기와 같은 부정적 이미지를 가지고 있었기 때문이다. 많은 전문가가 핵폐기물을 안전하게 다룰 수 있다고 확신하며 주민들을 설득하려 했지만, 이미 부정적 이미지를 가진 주민들은 전문가와 정부에 대한 신뢰를 상당히 잃은 상태에서 논의에 임했다(MacFarlane et al. 2006).

미국 유타주와 네바다주의 방사능 낙진 피해자 보상 문제를 다루는 논쟁 과정에서도 과학자들이 제시한 증거는 권위를 갖지 못했다. 미국국립보건원[NIH] 과학자들은 방사능 역학 테이블을 제시하면서 주민들을 설득하려 했지만, 합의를 이끌어내지는 못했다. 방사능 문제와 관련해 이미 정부에 대한 불신이 상당히 높아져 있던 상태에서 국립보건원이 역학 테이블을 제시했고, 신뢰가 부족한 상태에서 주민들은 과학자들이 제시한 증거를 수용하지 않았던 것이다. 과학자들은 수학적 계량화를 통해 투명하고 객관적이고 예측 가능한 결정을 내릴 수 있다고 주장하며 이를 보상 문제의 해결책으로 보았다. 하지만 이 논지는 주민들에게 받아들여지지 않았고 논쟁을 지연시키는 결과를 초래했다. 이 계량화된 테이블의 실패는 신뢰가 결여된 상황에서 계량적 기법이 효과적이지 않았음을 보여준다 (Parascandala 2002).

이러한 문제를 경험한 후, 미국환경보호국[EPA]은 1988년에 "위험 커뮤니케이션의 핵심적인 일곱 가지 규칙"을 발표했다. 이는 대중을 무시하거나 단순히 위험 데이터를 더 잘 설명하려는 기존의 전략을 넘어, 대중을 대화의 상대로 인정한 것으로 평가된다. 일곱 가지 규칙은 다음과 같다.

1. 대중을 정당한 파트너로 받아들이고 관여하라.
2. 대중에게 귀를 기울여라.
3. 정직하고, 솔직하고, 개방적이어야 한다.
4. 신뢰할 만한 다른 집단과 협력하라.
5. 언론의 요구를 충족하라.
6. 동정심을 가지고 분명하게 말하라.
7. 신중하게 계획하고, 성과를 평가하라.

위험 커뮤니케이션을 오래 연구한 캐스퍼슨[R. E. Kasperson] 등에 따르면, 바람직한 위험 커뮤니케이션은 대중과 시민을 온전한 파트너로 여기는 것으로, 다음과 같은 다섯 단계로 이루어진다(Kasperson et al. 1992; Kasperson 2005).

1. 상호 요구 사항 평가: 정보의 쌍방향 흐름을 통해 이루어져야 하며, 전문가들은 대중이 다양한 그룹으로 구성되어 있음을 인식해야 한다. 평가 과정에서 다양한 요구를 모두 포함하고, 분석자는 자신의 실수 가능성을 인정해야 한다.

2. 논쟁 내용 평가: 논쟁 시 대중의 참여는 문제를 분석하기 위한 수단이 아니라 참여 자체가 목적이 될 수 있음을 인식해야 한다. 논쟁은 사실뿐만 아니라 기술과 윤리에 대한 가치 체계의 충돌을 포함한다.

3. 위험 커뮤니케이션 디자인: 대중이 힘을 가지고 있다는 사실을 인정하고, 정보와 권력을 공유하는 것이 중요하다. 대중이 처음부터 논의에 참여하지 못한 경우, 최대한 많은 정보를 제공해야 한다.

4. 위험 커뮤니케이션 전략 및 방법: 공청회보다는 포커스 그룹 모임, 롤 플레잉 토론 등이 더 효과적이다. 다양한 그룹이 참여하는 비공식적 분위기에서 논의를 진행하고, 접근이 어려운 그룹에 특별히 신경 써야 한다.

5. 평가: 참여를 전제한 평가 프로그램을 초기부터 계획해야 하며, 양측 모두가 공평하게 참여하는 기회를 보장해야 한다.

전문가 집단과 대중 간의 쌍방향 소통을 원활하게 하려면 양측의 인식 차이를 이해해야 한다. 대중은 전문가들의 전문성을 인정하지만, 이 전문 지식이 완벽하지 않다고 생각하며, 전문가와 정치인, 규제 당국을 하나의 '규제 체제'로 인식하는 경향이 있다. 대중은 공적인 임무를 수행하는 전문가와 사적인 이해관계가 있는 전문가를 구분하며, 후자에 대한 불신이 크다. 반면, 전문가들은 대중을 대화 상대로 생각하면서도 자신들이 직접 관계를 맺는 특정 대중 주체들에 대해서는 다르게 사고하는 경향을 보인다. 대중의 참여도에 따른 접근 방법의 차이를 인식하며, 참여도가 높은 대중에게는 목적을 공유하고, 참여도가 낮은 대중에게는 지식과 정보를 제공하는 것이 중요하다.

신뢰는 위험 커뮤니케이션의 기반이며, 이 과정을 통해 점차 획득되고 공고해진다. 신뢰가 쌓이면 사람들은 전문가의 과학적 사실을 더 기꺼이 받아들인다. 낮은 확률의 위험을 크게 받아들이거나, 높은 확률의 위험을 작게 받아들이는 경향이 있을 때, 신뢰는 과학적 분석과 위험 체감 지수 사이의 균형을 맞추는 역할을 한다. 신뢰를 유지하려면 위험 커뮤니케이션이 길고 힘든 과정임을 인식하고, 과장된 선전과 홍보를 지양하며, 실질적인 시간 계획을 세우고 다양한 옵션을 열어두는 것이 중요하다. 무엇보다 진정한 의미의 쌍방향 대화와 소통이 전제되어야 한다.

부록 2
후쿠시마 오염수 위험 논쟁

2023년, 한국 사회를 뜨겁게 달군 후쿠시마 오염수 해양 방출 논쟁에서 가장 첨예하게 대립한 주제는 방출된 오염수가 대한민국의 바다와 우리가 소비하는 수산물을 방사능으로 오염시켜 국토와 국민의 건강에 위해를 입히는 문제였다. 2023년 여름, 국민의 70~80%가 오염수 방출을 반대한다는 견해를 밝힌 것을 보면, 정파와 무관하게 대다수 국민이 오염수가 나쁜 영향을 미치리라 믿고 있다는 사실을 알 수 있다. 현 정부를 지지하는가, 국제원자력기구[JAEA]나 일본 측 발표를 신뢰하는가, 미량의 방사능을 얼마나 두려워하는가에 따라서 오염수에 대한 태도가 조금씩 달라질 수 있지만, 국민의 상당수는 오염수 방류를 두려워하고 있다.

방사능의 위험과 두려움

첫눈에 이해하기 힘든 지점은 오염수에 대한 두려움이나 반대가 대한민국 국민의 일상적 정서와 잘 맞지 않는다는 것이다. 우리 국민의 대부분은 X선 촬영이나 CT 촬영을 크게 두려워하지 않는다. X선에서 방출되는 방사능은 미량이지만, CT 촬영 시에는 상당한 양의 방사선에 노출된다. 장거리 비행기 여행도 방사능에 노출되지만, 이것이 무서워 비행기를 타지 않는 사람은 거의 없다. 원자력발전소에 대한 지지율도 한때 전 세계에서 가장 높았고 지금도 높은 편이다. 바로 얼마 전까지만 해도 한국 국민은 방사선을 뿜뿜 뿜어내는 라돈 온천에서 목욕을 즐겼다.

오염수 방출을 지지하는 정치인이나 전문가는 후쿠시마 오염수는 X선 촬영보다도 훨씬 더 안전하다고 단언한다. 실제로 이들은 방출된 후쿠시마 오염수를 마셔도 된다고 주장한다. 자신이 직접 마시겠다고 호언장담하는 사람도 있다. 이렇게 확고하게 안전을 믿는 사람들은 국민의 반대가 비과학적·비합리적·비정상적이라고 본다. 누군가에게 세뇌당했다는 것이다. 이들이 지목하는 집단은 정부에 반대하면서 세력을 키우려는 야당 정치 세력과 이들의 열성 지지자들, 그리고 시시콜콜 정부에 반대하는 진보적 지식인들이다.

2023년의 후쿠시마 오염수 논쟁에서 종종 소환된 것은 15년 전 2008년에 있었던 미국산 소고기 수입 반대 사건이다. 이때 아이를 키우는 엄마들은 유모차를 끌고 나왔고, 중학생들은 학교를 빼먹고 시위에 참여했다. 이들은 한결같이 "미국산 소고기는 너나 먹어라"라고 소리쳤다. 당시에 미국산 소고기를 수입하려고 했던 정부 관계자나 이를 찬성한 지식인들이 보기에, 이런 반대자들은 괴담에 세뇌당한 사람이었다. 괴담의 유포자로는 MBC 〈PD수첩〉, 야당, 진보적 지식인들, 그리고 당시에는 남한의 와해를 노리는 불순 세력까지 지목되었다.

미국산 소고기 반대와 후쿠시마 오염수 방출 반대에는 근본적인 유사점이 있다. 2008년 당시 정부는 30개월 이상의 미국 소도 인간 광우병을 유발하는 프리온^{prion}이 검출되는 '특정위험물질^{SRM}'을 제거하고 수입하면 안전하다고 공표했다. 그런데 국민들은 이를 믿지 못하겠다는 것이었다. 특정위험물질을 제거하는 것은 미국 도축업자이고, 미국의 정부 기관은 도축업자가 도축한 소 1만 마리 가운데 한 마리 정도에 대해 전수 검사를 진행한다. 실상이 이러하니 우리가 수입한 소고기에 도축업자의 실수로 특정위험물질이 섞여 있을 수 있고, 섞여 있어도 이것이 검역에서 걸리지 않을 수도 있다고 생각했다. 한국 정부와 정부를 지지하는 전문가를 모두 신뢰한다고 해도, 실제 소의 도축부터 수입까지 모든 과정의 안전을 담보할 방법이 없다는 것이 당시 국민 불안의 근원이었다.

당시 이명박 정부는 싸고 질 좋은 소고기를 수입해 국민이 맛 좋은 고기를 마음껏 먹을 수 있게 하겠다고 했다. 한우는 지금도 비싸고, 당시에도 비쌌다. 하지만 국민은 왜 미국 국민도 먹지 않고, 유럽이나 다른 나라에도 수출하지 못하는 30개월 이상 월령의 소고기를 우리가 우리 돈을 주고 수입해 먹어야 하는지 불만이었다. 확률이 아무리 낮아도, 한참 먹다 보면 정말 운이 나쁠 때 끔찍하게 두려운 인간 광우병을 일으킬 수도 있는 소고기를, 왜 자동차 시장 개방과 맞바꿔 우리가 수입해야 하느냐고 항의했던 것이다.

이번에도 비슷하다. IAEA를 믿고, 한국 정부와 심지어 일본 정부까지 다 믿어도, 30년 동안 지속적으로 방류될 오염수를 누가 모니터링할 것인가의 문제가 남는다. 이런 생각에는 타당한 지점이 있는데, 오염수 방류에 관한 관심이 최고로 높은 지금은 '다핵종제거설비Advanced Liquid Processing System, ALPS'로 처리한 처리수를 검사해 핵종의 제거가 기준치 이하로 되었는지를 모니터링하겠지만, 이런 모니터링이 앞으로 30년 동안 꾸준히, 객관적으로, 신뢰할 만큼 이루어지리라는 보장은 없다. 또 기준치 이하의 방사능이라 해도 이것이 30년 동안 바다로 방출되었을 때 그 영향이 어떨지는 지금 알기 힘들다. 오염수가 3개월 이후에 바다에 어떻게 퍼질까를 시뮬레이션하는 것과 세슘, 스트론튬, 플루토늄, 삼중수소 같은 방사성 물질이 포함된 오염수가 30년 동안 배출된 뒤에 이것이 해양생태계에 어떤 영향을 미칠 것인가를 시뮬레이션하는 일은 속된 말로 '차원이 다른 것'이다.

윤석열 정부는 출범 초기부터 일본과의 관계 개선을 국정 목표

중 하나로 삼았다. 결과적으로 한국을 찾는 일본 관광객은 피부로 느낄 정도로 늘었고, 일본을 찾는 한국 관광객도 급증했다. 막연한 반일보다 일본에 대해 더 깊게 이해하는 것이 중요하다는 원칙에 반대하는 사람은 적을 것이다. 그렇지만 일본과의 관계 개선을 위해 우리 정부가 오염수 방출을 지지해야만 하는가는 또 다른 문제다. 자동차 수출과 소고기 수입을 교환한 것이 공정하지 못하다고 생각했던 것처럼, 국민 다수는 일본과의 관계 개선을 이루는 것과 오염수 방출을 승인하는 것은 등가가 아니라고 생각한다. 이런 국민 인식은 단지 오염수가 안전하다고 외치는 몇몇 '전문가'의 주장에 의해 쉽게 바뀌지 않는다. 이는 오랜 시간 동안 축적된 일본 정부에 대한 불신, 30년 동안 계속 조금씩 축적될 방사능의 불확실한 영향에 대한 불안, 이를 추진하는 정부에 대한 미덥지 않은 시선, 여기에 일본이 우리나라의 가장 가까운 국가라는 근접성이 중첩된 결과이기 때문이다.

근접성과 위험의 증폭

이번 논란에서 종종 등장하는 이야기가 "왜 미국, 캐나다, 유럽 국가는 일본의 방출에 대해 아무런 비판을 하지 않는데, 유독 우리만 비판하고 두려워하는가"라는 것이다. 방류를 지지하거나 침묵을 지키는 국가는 과학적이고 합리적이지만, 우리는 왠지 비합리적인 정서가 지배적이라는 뉘앙스를 풍긴다.

한 가지 고려해야 할 점은 우리와 비슷한 나라가 또 있다는 사실이다. 최근 언론 보도를 통해 알려졌지만, 중국도 이를 강하게 비난하고 있다. 일본 정부 입장을 지지하는 한국 정부와 달리 중국은 정부 차원에서도 일본을 강하게 비판하고, 국민도 인터넷 등을 통해 일본의 방류 결정과 실행을 강하게 비난한다. 중국은 우리가 하지 못한 일본 수산물의 전면 수입 금지를 시행하고 있다. 유럽에서도 그린피스와 같은 단체는 일본의 방류를 매우 강한 어조로 비판하고 비난하고 있다. 개별적으로 유럽과 미국의 전문가 중에 방류가 위험하다고 주장하는 사람들도 있는데, 그중 일부는 언론을 통해 보도되기도 했다.

하지만 한국과 중국의 반응이 서구 국가보다 훨씬 더 비판적인 것은 사실이다. 일본이 역사적으로 한국과 중국을 착취했고, 일본에 의한 식민 지배와 학살이 한참 전의 일이지만 한국민이나 중국민이 아직도 이에 관한 집단적 기억collective memory을 가지고 있다는 사실이 이런 현상을 설명하는 하나의 요소로 꼽힐 수 있다. 또 다른 설명 요소는 근접성proximity이다. 후쿠시마 오염수의 방류는 역사적 선례가 없이 처음 경험하는 종류의 위험인데, 이런 위험 인식의 결정에는 위험원으로부터 지리적으로 얼마나 근접해 있는지가 중요한 요소가 된다. 원자력발전소나 쓰레기 소각장 같은 위험 설비의 건설 반대에 관한 연구는 이 위치에서 멀리 떨어져 있을수록 위험성을 낮게 평가하고 이런 설비를 더 쉽게 수용한다는 사실을 보여준다(Vorkinn & Riese 2001; Lima 2004). 도시에 코로나19 팬데믹이 선언되었을 때도 이로부터 멀리 떨어진 시골에 살던 사람들은 위험을 덜 느꼈다는 연구도 있다(Argus et al. 2022). 핵폐기물 처리장 위치 설정에 대한 우리의 경험도 비슷하다. 핵폐기물 처리장의 후보지로 설정된 안면도에서는 경찰서를 불태울 정도로 격한 시위가 일어났지만, 서울은 평안하기만 했다.

한국과 중국의 반대를 비합리적·비과학적이라고 비난하는 것은 공평하지 못하다. 체르노빌 핵발전소 사고 이후에 유럽 국가들은 초비상이 걸렸지만, 이로부터 멀리 떨어져 있던 동아시아는 평온하기만 했다. 9·11 테러 이후 미국이 자국에 대한 위협이라고 생각한 중동의 테러리즘을 봉쇄하기 위해 어떤 과격한 조처를 취했는지, 그리고 트럼프 시기에 역시 자국에 대한 위협이라고 생각한 멕시코로부터의 불법 이민을 막기 위해 어떤 조처를 취했는지 생각해 보면, 자국에 대한 위험이 가깝게 느껴질 때 미국 정부나 국민이 취한 (우리가 보기에 비합리적인) 대응은 (그들에게는) 충분히 근거가 있고 합리적일 수 있다.

누가 전문가인가? 무엇이 과학인가?

오염수 방출을 찬성하는 이들은 다음과 같은 논리를 편다(이덕환

2023).

1. 일본은 세슘, 플루토늄 같은 62가지 핵종을 알프스^{ALPS}로 처리해 기준 이하의 농도로 만든 뒤 방류하고, 알프스로 처리가 안 된 삼중수소도 희석해 기준치 이하로 만든 뒤 바다로 방류한다. 방류된 삼중수소도 자연에 존재하는 삼중수소와 비교하면 극미량이다.*

2. 방출된 오염수가 한국 해역까지 오려면 최소 4~5년에서 10년이 걸리며, 이때 한국 해역에 미치는 영향은 미미하다.

3. 알프스로 걸러지지 않은 삼중수소는 몸속에 들어왔을 때 반감기가 짧아져 걱정할 일이 없다.

4. 2011년 후쿠시마 참사 때 알프스 처리도 없이 방류된 오염수의 영향도 측정되지 않고 있는데, 희석해 버리는 처리수는 걱정할 필요가 없다.

5. 오염 물질을 바다에 버리는 것이 통상적이다. 중국도, 심지어 한국도 이렇게 하고 있으며, 중국과 한국이 바다에 버리는 삼중수소가 후쿠시마 오염수보다 더 많다.**

---

* 자연에 존재하는 삼중수소의 총량은 7×10^{19}Bq 정도로 대기의 수증기, 빗물, 지하수, 해수, 수돗물, 식물체, 인간을 포함한 동물의 몸에 존재한다. 후쿠시마 오염수에 함유된 총 삼중수소는 $780 \sim 870 \times 10^{12}$Bq($10^{12}$Bq은 1TBq 혹은 1조Bq) 정도이며, 이는 자연에 존재하는 삼중수소의 0.001~0.0012% 정도다. 삼중수소의 반감기는 12.3년이다. 일본은 후쿠시마에서 매년 22TBq의 삼중수소를 배출하려고 계획하고 있다.

6. IAEA 중간·최종 보고서는 일본의 오염수 처리가 기준에 부합하다고 판정했으며, 미국 FDA가 일찍부터 이를 승인했다.

7. IAEA나 일본 정부를 불신할 이유나 근거는 없다.

8. 1.~7.을 종합하면 위험하지 않다. 따라서 안전하다고 판단해도 좋다.

여기에 덧붙여 찬성 측은 반대 측의 전문성을 문제 삼았다. 이들은 오염수 방류를 비판하고 반대하는 전문가들이 원자력에 대한 전문성이 떨어지는 사람이라고 평가절하한다. 반대하는 사람 중에 원자력 전문가는 찾아보기 힘들다는 것이다. 전문성이 떨어지는 이들의 주장은 '괴담'으로 치부한다.

반면에 오염수 방류를 비판하고 반대하는 과학기술자들은 이와는 다른 논리를 내세웠다(최무영 2023).

1. 오염수 처리 설비를 검사하기 위해 파견된 우리나라 대표단은 알프스 처리수에 대한 독립적인 검사를 수행하지 못했다. 게다가 30년 동안에 이루어질 방류가 해양생태계에 어떤 영향을 미칠지 우리는 지금의 과학적 지식으로는 알 수 없다.

** 중국, 캐나다, 미국 등은 최근 1년 동안 자국의 원전에서 1,000TBq 이상의 삼중수소를 바다에 배출했다. 한국은 2022년에 214TBq의 삼중수소를 배출했다.

2. 30년에 걸쳐 방류가 간헐적으로 계속 이루어질 때 모든 방사능이 해류를 따라 태평양으로 흘러 들어간다고 확신할 수 없다.

3. 플랑크톤에 의해 섭취된 삼중수소는 유기 결합 삼중수소가 되어 반감기가 1년이 넘어갈 수 있으며, 이것들이 먹이사슬에 의해 물고기 같은 상위 포식자로 전이될 때 축적되어 그 농도가 더 높아질 수 있는데, 이에 관한 실험적 연구는 아직도 거의 없는 실정이다.

4. 이미 더 큰 죄를 저질렀기에 작은 죄를 저지르는 것이 괜찮다는 논리는 악당이나 써먹는 논리다.

5. 후쿠시마 핵 폐수는 정상 운전하는 원전에서 국제 기준을 맞춰 배출하는 폐수와 다르다. 정상 원전 폐수가 문제라면 전 세계 원전을 모두 중단해야 한다. 7등급 사고가 난 원전의 폐수를 바다에 버리는 것은 전례가 없는 일이며, 특히 이번 방류는 선례를 만들 수 있기에 반대하고 막아야 한다.

6. IAEA 최종 결정 과정에서도 위원들 사이에 이견이 있었다 (Murakimi and Geddie 2023).

7. IAEA는 원자폭탄 원료 등 핵 확산을 감시하기 위해 세워진 기구이며, 원전과 관련해서는 원자력 산업의 영향력 아래에 있으므로 객관적이고 중립적이라고 보기 힘들다. 2011년 후쿠시마 참사 직후에도 IAEA의 공정성에 대한 논란이 있었다(Borger 2011).

8. 과학에서 100% 안전한 것은 없기에, 위험이 사라졌다고 판단

하기 전에는 위험에 대해 보수적인 '사전주의precaution'의 관점을 취하는 것이 더 과학적이다.

방류를 반대하는 과학기술자들은, 스스로를 과학적이라고 하면서 찬성 주장을 펼치는 전문가들은 과학의 이름을 오용하고 있다고 여긴다. 과학적 태도의 핵심은 의심하거나 알 수 없는 것을 실험해 보는 것인데, 찬성 측은 의심 없이 받아들이고 실험도 하지 않고 수용한다는 것이다. 30년 동안 배출될 오염수의 영향을 가늠하는 영역에서는 축적된 지식이 거의 없고, 실험을 수행하는 것도 거의 불가능하고, 시뮬레이션도 힘들기 때문에 반대 측의 관점에서 볼 때 위험과 관련해 훨씬 보수적으로 접근하는 것이 올바른 태도다. 미량이라 안전하다, 전문가의 판단을 믿고 안심하라, 국제기구의 평가를 신뢰하라는 주장은 과학이 아니라 선동 선전에 불과한 이데올로기다.

이런 차이를 비교해 보면, 찬반으로 갈린 두 입장 사이에는 거의 온전한 공약불가능성incommensurability이 존재한다고 볼 수 있다. 공약불가능성은 합리적 소통이 가능하지 않은 상황을 의미한다. 서구의 기술-사회 논쟁을 다룬 과학기술학 연구를 보면, 논쟁은 주민이나 시민 사이에서 시작하지만, 각각의 입장을 대변하는 전문가들이 등장하면서 시민 사이의 논쟁은 전문가들 사이의 논쟁으로 전환된다 (Nelkin 1979). 전문가들 사이의 논쟁이 공약불가능성으로 귀결되는 것은 종종 발생하는 일이다. 한국도 광우병 논쟁, 세월호 침몰 원인에 대한 논쟁, 천안함 침몰 원인에 대한 논쟁 등이 전문가들 간에 결론을 내지 못한 채로 시간이 지나 열기가 식으면서 종료되었다. 대부분 논쟁은 한쪽이 다른 쪽을 압도하면서 승리하는 식으로 끝나지 않는다. 이런 경우에 이들은 사실만이 아니라 가치에 대해서도 극적으로 다른 관점을 가지고 있기 때문이다.

어떤 사실이 문제가 되는가?

후쿠시마 오염수 방류에 대한 궁금증을 풀어줄 전문가는 누구인가? 원자력 전문가는 원전과 방사능에 대한 전문성은 가지고 있지만, 방사성 물질이 포함된 오염수가 바다에 방류되었을 때 어떤 결과를 가져올지 연구한 적은 없다. 방사성 물질이 포함된 오염수의 시뮬레이션을 만든 전문가는 어떨까? 시뮬레이션은 하나의 참고 포인트가 될 수는 있지만, 미래를 정확하게 예측하는 것은 아니다. 해양생태계의 오염을 연구하는 전문가가 일정 정도 전문성을 가질 수는 있겠지만, 후쿠시마 오염수 방류의 경우는 비슷한 선례도 거의 없기에 이들 역시 온전한 전문성을 갖기 힘들다.

2022년 9월에 경제·인문사회연구회에서는 해양수산연구원을 주관 연구 기관으로 하고 한국환경연구원, 한국법제연구원, 한국원자력연구원의 연구원들이 협력해 연구를 수행한 뒤 『원전 오염수 대응 전략 수립을 위한 기초 연구』라는 제목의 긴 보고서를 냈다(경제·인문사회연구회 2022). 한국해양수산개발원의 박수진 연구 위원이 총괄 책임자였고, 다른 세 명의 연구 책임자와 18명의 연구원, 두 명의 보조원 등 총 24명의 인원이 참여해 수행한 연구였다. 이 보고서는 연구 기관의 요청에 따라 비공개로 처리되어 널리 읽히지는 못했지만, 해양 수산·환경·법률·원자력 분야의 전문가들이 협력해 오염수의 위험과 한국 정부의 대응에 대한 방향을 제시해 주었다는 점에서 의미가 있다. '전문가의 목소리'를 찾는다면 이 보고서가 그에 가장 가까울 것이다.

보고서는 정책 목표로 "원전 오염수로부터 국민 건강과 안전 확보"를 제시하면서, "원전 오염수의 해양 배출이 이루어지지 않도록 다각적인 노력을 기울여야" 한다고 명시하고 있다. "만약에 배출되는 경우" 이에 대응하는 정책 목표와 정책 제안을 명확히 해야 한다고 제시한다. 한국 정부의 정책으로 1) 오염수로 인한 건강과 안전의 피해를 방지하고, 2) 오염수 영향을 관측·예측하는 역량을 제고하며, 3) 국제 협력과 공조를 강화해야 한다는 세 가지 방향성을 제시한다. 이를 위한 구체적인 전략을 제안하는데, 그중 흥미로운 것은 국제사법재판소에 중재 재판 신청 등 국제적인 사법적 해결 방안을 연구해야 한다는 부분이다. 특히 일본이 방류를 강행할 경우, 이 문제를 해결할 수 있는 가장 효과적인 방법으로 국제사법재판소에 제소하는 방안을 꼽는 것이 두드러진 특징이다.

보고서에 따르면, 일본은 '알프스 분과 위원회'를 만들어 2016년부터 알프스를 통해 삼중수소를 제외한 62개의 핵종을 기준치보다 낮은 수준으로 제거한 오염수 처리를 위한 방안을 모색했다. 저장 탱크를 늘리거나 외부로 이전해 보관하는 안은 상당한 시간이 소요되어 추가되는 알프스 처리수를 감당하지 못하므로 배제되었다. 고려된 안은 1) 지권(지각) 주입, 2) 통제된 해양 방출, 3) 통제된 증기 방출, 4) 수소 방출, 5) 지하 매장 등 다섯 가지였다. 이 중 1), 4), 5)는 기술적 불확실성, 안전 입증의 불가능성, 선례 없음 등의 이유로 기각되었고, 최종적으로 2)와 3)을 놓고 하나를 고려했다. 3)의 통제된 증기 방출은 미국 스리마일섬 원전 사고 때 오염수 처리를 위해 사용했던 방법이지만, 비용이 많이 든다는 문제가 있었다. 당시 80만 톤을 처리하는 데 증기 방출은 3,500억 원이, 해양 방출은 340억 원이 소요된다고 추정했다(경제·인문사회연구회 2022, p. 15). 이런 계산을 통해 일본 정부는 2021년 4월에 해양 방출을 결정하고, 안전성 검사를 IAEA에 일임했다.

『원전 오염수 대응 전략 수립을 위한 기초 연구』 보고서는 시뮬레이션에 관해 상당량의 논의를 할애하고 있다. 특히 2011년 후쿠시마 원전 사고 이후에 다량의 방사능이 바다와 대기로 유출되었는데, 지역 해에 대한 많은 연구는 관찰된 방사능 물질의 측정치를 데이터로 시뮬레이션을 돌린 뒤 여기서 총 방사능 유출량을 추정해내는 것이었다. 하지만 일본 학술회의 SCJ의 주관으로 이루어진 시뮬레이션에 대한 학회에서 여러 모델 사이에 큰 차이가 나타났다. IAEA는 한국도 참여한 MODARIA라는 시뮬레이션 프로젝트를 자체 기획했는데, 해수 순환에 대한 데이터와 모델 세부 특성 및 적용 방법에 따라 그 결과가 상당한 차이가 난다는 사실을 확인했다.

보고서는 2023년의 방류에 대해서도 몇 가지 시뮬레이션 결과를 제시했는데(경제·인문사회연구회 2022, pp. 387-390), 한국수산과학기술진흥원이 2020년에 낸 보고서는 독일의 Behrens et al(2012)를 이용해 시뮬레이션한 결과 한국 인근 해역의 삼중수소의 농도가 5년 후에는 10^{-6}~10^{-8}Bq/L, 10년 후에는 10^{-5}~10^{-7}Bq/L 정도 증가한다고 추산한다. 중국 연구자 Zhao et al(2021)의 시뮬레이션도 비슷한데, 5년 뒤에는 1×10^{-6}~3×10^{-6}Bq/L 정도의 후쿠시마발 삼중수소가 한국과 중국의 연해에 흘러 들어오며, 10년 뒤에는 1×10^{-6}~1×10^{-5}Bq/L로 그 영향이 약간 증가한다. 마지막으로 보고서는 Liu et al(2022)의 연구를 소개하는데, 이에 따르면 강한 쿠로시오 확장류가 존재함에도 불구하고 280일 만에 후쿠시마발 삼중수소가 한국의 남해에 도달할 것이며, 상대 농도가 10^{-3}~10^{-4}Bq/L 정도 될 것이라고 본다. 보고서는 Liu의 시뮬레이션이 지나치게 큰 수평확산계수를 썼고 확산 문제를 2차원으로 다뤄 비정상적인 결과가 나왔다고 비판적으로 평가한다(ibid. p. 389).[*]

후쿠시마 오염수 방출의 영향을 적게 추산했든 많게 추산했든, 시뮬레이션에 따르면 그 영향은 미미하다. 10년 뒤에 우리에게 영향을 주는 후쿠시마발 삼중수소는 크게 봐도 10^{-3}Bq/L이고 적게는 10^{-7}~10^{-8}Bq/L이다. 2023년 2월 발표된 한국해양과학기술원과 한국원자력연구원 연구자들의 시뮬레이션은 오염수가 한국 해역에 유입되는 4~5년 뒤에 삼중수소의 농도가 10^{-6}Bq/L 정도 증가할 것으로 예상했다(김경옥 외 2023; 구경하 2023). 그런데 지금 해수에 들어 있는 삼중수소가 0.17Bq/L이므로, 후쿠시마의 영향은 이것의 10만분의 1 수준이다. 우리가 맞는 빗물에는 해수보다 수십 배 많은 삼중수소가 들어 있으며, 먹는 물의 삼중수소의 한계치는 환경부 기준으로 6Bq/L, 한국수력원자력 기준으로는 1만Bq/L이다. 한국의 특정 지역 식수는 4~9Bq/L의 삼중수소 농도를 기록하기도 했다.

피폭량으로 봐도 미미하다. 한국원자력학회의 계산에 따르면, 해양에 방류했을 때 5~10년 뒤에 한국 국민을 피폭하는 방사능은 최대치가 3.5×10^{-9}mSv/yr 정도에 불과하다(한국원자력학회 2020, p. 27). 엑스레이를 한 번 찍었을 때 피폭되는 방사능이 0.5mSv이며, 흉부 CT는 10~20mSv이다. 인공적인 방사능을 하나도 쐬지 않았을 때 자연 방사능 피폭량이 1~4mSv/yr이니, 후쿠시마발 방사능에 의한 피폭량 총량은 자연 피폭량의 대략 10억분의 1이다. 방사능 전문가들은 1년에 1mSv의 방사능은 무해하고, 어떤 이는 100mSv 이하의

---

* 쿠로시오 확장류 끝부분에서 남측으로 갈라져 나와 아열대 수괴에 합류하는 해류가 존재하며, 방출된 오염수가 이 해류를 타면 우리나라에 도착할 시간이 짧아질 수 있다는 가능성은 한국원자력학회의 2020년 보고서에도 언급되어 있다(한국원자력학회 2020, p. 36).

방사능도 허용할 만하다고 주장하는데, 이렇게 보면 후쿠시마발 방사능의 위험은 정말 미미할 정도다.

그런데 흥미로운 사실은 『원전 오염수 대응 전략 수립을 위한 기초 연구』에서 설문 조사를 실시한 '전문가'들은 후쿠시마 오염수 방출이 해양생태계에 좋지 않은 영향을 준다고 평가하는 것이다(ibid 421ff). 전문가들 다수는 해수를 통한 방사능 오염이 인간의 건강을 악화시키지 않을 것이라고 답했지만('매우 적다'와 '적다'가 67.7%), 해양생태계와 해양 생물의 방사능 오염 축적에 대한 설문에서는 다수가 그 영향이 클 것이라고 답했다('약간 크다'와 '매우 크다'가 46.6%). 영향이 적을 것이라고 답한 전문가는 13.4%였다. 설문 조사에 응한 전문가 다수는 원자력·해양수산 분야에 종사하는 사람들이었는데, 이들도 후쿠시마 오염수 방류가 장기적으로 해양생태계를 어지럽힐 가능성이 있다고 판단한 것이다. 삼중수소만이 아니라 세슘, 플루토늄 같은 방사성 물질이 꾸준히 바다로 흘러 들어가서 확산될 때, 장기적으로 해양생태계에 부정적인 영향을 끼칠 것이라는 게 이 보고서의 설문에 답한 전문가들의 다수 의견이었다.

가치의 개입과 논쟁의 지속

2021년 4월, 일본 정부와 도쿄전력이 후쿠시마 오염수를 바다에 방류하겠다고 결정했을 때, 이를 예의 주시하고 있던 한국의 환경 단체들이 반대 시위를 벌였다. 이때 이들이 내세운 모토는 "바다는 쓰레기통이 아니다"였다. 이 구호는 지금도 후쿠시마 오염수 방류를 반대하는 환경 단체와 시민들을 결속하는 데 사용되고 있다.

같은 구호가 1995년에 유럽에서도 등장했다. 그린피스의 회원들은 영국 쉘Shell 석유 회사가 바다에 버리려고 했던 북해의 거대한 브렌트 스파Brent Spar 원유 저장 시설의 해양 투기를 반대하면서 브렌트 스파 설비를 점거했다. 브렌트 스파는 1970년대에 북해 브렌트 유전이 개발되면서 건설한 부표 겸 원유 저장 시설이었는데, 나중에 유전과 육지를 파이프라인으로 이으면서 불필요해졌다. 당시 유럽의 시민은 이 설비를 바다에 침수시키는 대신 육지로 가져와 해체하는 방식을 선호했지만, 쉘은 원유 50~100톤이 저장된 이 설비를 바다에 침수시키는 것이 해양오염을 일으키지 않는다는 전문가들의 판단을 토대로 영국 정부의 승인하에 1995년 해저에 가라앉히는 계획을 결정했다. 이에 맞서 유럽 각지에서 모인 그린피스 회원들은 "바다는 쓰레기통이 아니다!The Ocean Is not Your Dump!"라는 플래카드를 들고, 브렌트 스파 설비를 점령해 이를 바다에 침수시키는 데 반대하는 시위를 벌였다. 쉘 제품 불매 운동이 유럽에 거세게 불었고, 독일 정부는 영국 정부에 강하게 항의하기도 했다. 쉘은 압력에 견디지 못하고 시위가 시작된 지 두 달 남짓 지난 뒤에 이 설비를 바다에 침수시키지 않겠다고 공표했다. 그린피스는 브렌트 스파 시위를 자신들이 거둔 중요한 승리 중 하나로 기억하면서 지금

[그림 21] 브렌트 스파를 점거해 시위를 벌이는 그린피스 회원들. 이들이 들고 있는 플래카드에 "쉘이여, 바다는 당신들의 쓰레기통이 아니다!(SHELL, THE OCEAN IS NOT YOUR DUMP!)"라는 문구가 보인다. © Marten van Dijk/Greenpeace

까지도 이를 기념한다.

이 과정에서 브렌트 스파를 점거한 그린피스 회원들은 브렌트 스파에서 원유 등의 샘플을 채취한 뒤 육지로 보내 분석하게 했다. 그런데 이 과정에서 실수가 있었고, 그린피스는 브렌트 스파에 원유 5,500톤이 저장되어 있다고 잘못 판단했다. 이들은 이런 판단에 기초해 회사가 해양오염의 위험을 과소평가했다고 주장했는데, 나중에 실수를 깨닫고는 사과문을 발표하기도 했다. 과학기술학자 해리 콜린스Harry Collins와 로버트 에반스Robert Evans는 이 사건을 분석하면서 침수된 브렌트 스파의 해양오염 가능성을 평가하는 분석은 비전문가가 할 수 없는 일인데, 그린피스와 시민들이 나서서 엉뚱한 판단을 내렸다며 비판했다(Collins and Evans 2002). 이들은 전문 지식이 필요한 영역에서는 전문가들이 판단해야 하며, 시민은 정치인과 함께 전문가들의 평가를 토대로 정치적 결정을 내리는 일을 해야 한다고 주장했다.

콜린스와 에반스의 평가는 과학기술학자 브라이언 윈[Brian Wynne]에 의해 논박되었다(Wynne 2003). 윈에 따르면, 그린피스와 시민이 주장하는 내용의 핵심은 브렌트 스파가 얼마나 많은 원유를 담고 있었는가가 아니었다. 이들이 주목한 것은 북해에 브렌트 스파와 같은 원유 채굴 및 저장 설비가 수백 개가 있다는 점이었다. 1970년대에 북해 유전이 활황일 때는 이것들이 모두 가동했지만, 1990년대에 유전이 고갈되면서 한때 황금알을 낳았던 설비들이 애물단지가 되어가고 있었다. 브렌트 스파는 이런 설비 중에서 첫 번째로 해양 침수를 결정한 것이었는데, 이를 원안대로 진행할 경우 다른 설비들도 비슷한 방식으로 해양에 침수시키는 방식으로 해체될 가능성이 컸다. 이런 일이 발생하면 북해는 말 그대로 석유회사들의 쓰레기통이 되므로, 그린피스와 시민들은 몸을 던져 이를 막았던 것이다.

시위의 요체는 브렌트 스파가 얼마나 위험한가 위험하지 않은가의 사실[fact] 문제만이 아니라, 우리와 우리 자식이 어떤 세상에서 살기를 원하는가의 가치[value] 문제였다. 거대 석유 회사가 이익을 챙긴 뒤에 불필요해진 설비를 마음대로 바다에 투기하는 세상인가, 아니면 시민들이 두려워 감히 이렇게 하는 것을 엄두도 내지 못하는 세상인가?

브렌트 스파의 교훈이 후쿠시마 방류에 그대로 투영되지는 않을 것이다. 후쿠시마와 브렌트 스파 사이에는 공통점도 있지만 차이점도 많다. 하지만 일본의 방류를 지지하는 위정자들과 전문가들이 꼭 이해해야 하는 점이 있다. 반대하는 사람들이 과학적 지식이 부족해 반대하는 것이 아니라는 사실 말이다. 자국에서 사고가 난 원전의 뒤처리를 위해 오염수를 급하게 바다에 버리는 일을 쉽게 허용하는 세상은 우리가 지향하는 세상이 아니다. 무엇보다 바다는 생명의 샘이었고, 지금도 지구상의 셀 수 없을 만큼 많은 생명을 지탱하는 원천이라는 사실을 잊지 말아야 한다.*

---

* 이 글은 2023년 10월 포스텍융합문명연구원에서 출간하는 《웹진 X》에 실렸다.

참고문헌

경제·인문사회연구회 2022. 『원전 오염수 대응전략 수립을 위한 기초연구』 (경제·인문사회연구회 협동연구총서, 22-57-01).

구경하 2023. "[영상] 후쿠시마 원전 오염수 '방류해도 국내 영향 미미'…이유는?"〈KBS 뉴스〉 (2월 16일) https://news.kbs.co.kr/news/pc/view/view.do?ncd=7607186.

구재령 2024. "왜 세월호 참사에서 해경은 적극적으로 구조하지 않았을까" 홍성욱 외 저, 『대한민국 재난의 탄생』, pp. 17-41. 동아시아.

김기흥 2019. "포항지진은 인류세적 현상인가? 지층에 대한 직접적 개입의 결과로서 포항지진"『2019년 한국과학기술학회 학술대회 학술대회자료』 한국과학기술학회, pp. 23-45.

김경옥 외. 2023. "후쿠시마 원자력발전소 오염수 방류에 의한 해양확산 시뮬레이션"『2023 한국방재학회 학술발표대회 – 기후위기시대 재난 Resilience』, p. 422. 한국방재학회.

김성수 2016. "지원도 보상도 없는 가습기 살균제 3·4등급 피해자"〈KBS 뉴스〉 (10월 19일). https://news.kbs.co.kr/news/pc/view/view.do?ncd=3363430.

김신범 외 2023. "가습기살균제 참사는 생활 속 화학제품 안전 관리에 어떤 변화를 가져왔을까?-정책과 제도의 측면에서"『보건학논집』 제60권 제1호(통권 제88호), pp. 22-31.

김주희 2024. "미세먼지 재난, 법정에 서다 – 어떤 데이터를 쓸 것이며 누구/무엇에 책임을 물을 것인가" 홍성욱 외 저, 『대한민국 재난의 탄생』, pp. 125-146. 동아시아.

리베카 솔닛 2012. 『이 폐허를 응시하라』 펜타그램.

박범순 2019. "재난과 위험사회" 홍성욱 기획 『시민의 교양 과학』 생각의 힘.

박상은 2022. 『세월호, 우리가 묻지 못한 것』 진실의힘.

박상은 2024. "실패로부터 배우기: 재난조사위원회의 도전" 홍성욱 외 저, 『대한민국 재난의 탄생』, pp. 81-99. 동아시아.

박진영 2024. "덜 알려진 재난 – CMIT/MIT 가습기 살균제 피해 사례" 홍성욱 외 저, 『대한민국 재난의 탄생』, pp. 60-77. 동아시아.

박진희 2015. "재난 위험 사회의 위험 관리 전략의 새로운 모색 – 회복탄력성(Resilience)과 시민성(Citizenship) 향상을 중심으로"《환경철학》19, pp. 91-118.

서울지방검찰청 1995. 『성수대교 붕괴사건 원인규명감정단 활동백서』.

안종주 2021. 왜 세월호는 참사, 가습기살균제는 사고가 되었을까?《프레시안》(8월 31일) https://www.pressian.com/pages/articles/2021083113282496243.

이영희 2014. "재난 관리, 재난 거버넌스, 재난 시티즌십"《경제와 사회》104, pp. 56-80.

임기홍 2020. "재난 거버넌스의 정치적 동학: 가습기살균제 참사를 중심으로" (서울대학교 대학원 정치학과 박사학위논문).

장신혜 2024. "대규모 재난 통신 네트워크는 어떻게 실패했는가" 홍성욱 외 저, 『대한민국 재난의 탄생』, pp. 42-59. 동아시아.

장하원, "재난 소통을 통해 본 코로나19 팬데믹" 홍성욱 외 저, 『대한민국 재난의 탄생』, pp. 147-162. 동아시아.

전치형 2024. "재난 보고서, 이렇게 쓰면 되는 걸까" 홍성욱 외 저, 『대한민국 재난의 탄생』, pp. 100-120. 동아시아.

조상래 2023. "8년여의 세월호 사고원인 규명활동 결과의 정리와 분석" 대한조선학회 미래기술보고서.

진실의힘세월호기록팀 2024. 『세월호, 다시 쓴 그날의 기록』 진실의힘.

찰스 페로 2013[1984] 김태훈 역, 『무엇이 재앙을 만드는가?』 알에이치코리아.

프랜시스 후쿠야마 1996. 구승회 역, 『트러스트: 사회도덕과 번영의 창조』 한국경제신문사.

홍성욱 2018. "가습기살균제 참사와 관료적 조직문화"《과학기술학연구》18(1), pp 63-127.

홍성욱 2020. "'선택적 모더니즘(elective modernism)'의 관점에서 본 세월호 침몰 원인에 대한 논쟁"《과학기술학연구》제20권 제3호 pp. 99-144.

홍성욱 2024. "한국의 기술재난과 음모론-영화 〈그날, 바다〉를 중심으로" 홍성욱 외 저, 『대한민국 재난의 탄생』, pp. 181-207. 동아시아.

황정하 2024. "익숙함에 기대어 새로운 재난을 극복하기-'오미크론=계절독감 레토릭'과 일상 되찾기" 홍성욱 외 저, 『대한민국 재난의 탄생』, pp. 163-178. 동아시아.

황정하·홍성욱 2021. "세월호의 복원성 논쟁과 재난 프레임"《과학기술학연구》제21권 제45호 pp. 91-138.

황필규 2024. "가습기 살균제 참사, 그 기억과 해결의 재구성을 위하여-재난 피해자에 대한 이해, 사참위 조사 결과 및 권고 & 당면 과제 및 향후 전망" (〈가습기 살균제, 사회적 참사를 다시 생각하다〉 좌담회 발표 자료, 서울대학교, 8월 26일).

Argus, G. et al. (2022). "Perceptions, Concerns and Reported Behaviours in Response to the First Wave of the Coronavirus Disease 2019 Pandemic across Metropolitan, Regional, Rural and Remote Australian Communities." *The Australian Journal of Rural Health*, 30(3), pp. 352-362.

Behrens, Erik. et al. 2012. "Model Simulations on the Long-term Dispersal of 137Cs Released into the Pacific Ocean off Fukushima." *Environ. Res. Lett.* 7: 034004

Barber, Bernard. 1987. "Trust in Science." *Minerva* 25: 123-134

Beck, Ulrich. 1992. *Risk Society: Towards a New Modernity*. London. Sage.

Beck, U. 2010a. "Remapping Social Inequalities in an Age of Climate Change: For a Cosmopolitan Renewal of Sociology." *Global Networks* 10(2): 165-181.

Beck, Ulrich, and Natan Sznaider. 2010. "Unpacking Cosmopolitanism for the Social Sciences: A Research Agenda." *The British Journal of Sociology* 61: 381-403.

Borger, Julian. 2011. "UN's Nuclear Watchdog IAEA under Fire over Response to Japanese Disaster." *Guardian*. (15 Mar.) https://www.theguardian.com/world/2011/mar/15/nuclear-watchdog-response-japanese-disaster

Carlisle, R. 1997. "Probabilistic Risk Assessment in Nuclear Reactors: Engineering Success, Public Relations Failure." *Technology and Culture* 38: 920-941.

Collins, H. M., & Evans, R. 2002. "The Third Wave of Science Studies: Studies of Expertise and Experience." *Social Studies of Science*. 32: 235-296.

Erikson, Kai. 1976. *Everything in Its Path: Destruction of Community in the Buffalo Creek Flood*. New York: Simon and Schuster.

Ewen, Lynda Ann, and Julia A. Lewis. 1999. "Buffalo Creek Revisited: Deconstructing Kai Erikson's Stereotypes." *Appalachian Journal* 27(1): 22-45

Eyre, A. 2007. "Remembering: Community Commemoration After Disaster." in *Handbook of Disaster Research*, pp. 441-455. New York. Springer.

Fiorino, Daniel J. 1990. "Citizen Participation and Environmental Risk: A Survey of Institutional Mechanisms." *Science, Technology & Human Values* 15: 226-243.

Fischhoff, Baruch, et al. 1978. "How Safe is Safe Enough? A Psychometric Study of Attitudes Towards Technological Risks and Benefits." *Policy Sciences* 9: pp. 127-152.

Fortun, Kim. 2001. *Advocacy after Bhopa : Environmentalism, Disaster, New Global Orders*. Chicago. University of Chicago Press.

Fox-Glassman, Katherine T. and Elke U. Weber. 2016. "What Makes Risk Acceptable? Revisiting the 1978 Psychological Dimensions of Perceptions of Technological Risk." *Journal of Mathematical Psychology* 75: pp. 157-169.

Freudenberg W. R. 1997. "Contamination Corrosion and the Social Order: An Overview." *Current Sociology* 45: 19-39.

Furedi, Frank. 2007. "The Changing meaning of Disaster." *Area* 39(4). 482-489.

Funtowicz, Silvio O. and Jerome R. Ravetz. 1992. "Three Types of Risk Assessment and the Emergence of Post-Normal Science." in Sheldon Krimsky and Dominic Golding eds., Social Theories of Risk, pp. 251-273. Westport. Praeger.

Gill, Duane A. and Liesel A. Ritchie, 2018 "Contributions of Technological and Natech Disaster Research to the Social Science Disaster Paradigm." in *Handbook of Disaster Research*, 2nd ed. pp. 39-47. Springer, New York, NY.

Guston, David H. 2014. "Understanding 'Anticipatory Governance'." *Social Studies of Science* 44(2): 218-242.

Hilgartner, S. 2007. "Overflow and Containment in the Aftermath of Disaster." *Social Studies of Science* 37(1): 153-158.

Holling, C. S. 1973. "Resilience and Stability of Ecological Systems." *Annual Review of Ecology and Systematics*, 4: 1-23.

International Risk Governance Council 2005. "Riisk Governance: Towards an Integrative Approach." *White Paper* No. 1, Author O. Renn with an Annex by P. Graham. Geneva. IRGC.

Jasanoff, Sheila. 2007. "Bhopal's Trial of Knowledge and Ignorance." *Journal of the History of Science in Society* 98: 344-350.

Kang, Yeonsil. 2021. "Transnational Hazard: A History of Asbestos in South Korea, 1938-

1993." *The Korean Journal for the History of Science* 43(2): 433-458.

Kasperson, Roger E. et al. 1992 "Social Distrust as a Factor in Siting Hazardous Facilities and Communicating Risks." *Journal of Social Issues* 48: 161-187.

Kasperson, Roger E. 2005. "Introduction and Overview." in R. E. Kasperson and J. E. Kasperson eds., *The Social Contours of Risk: Publics, Risk Communication and the Social Amplification of Risk*, pp. 1-16. Tucson. Arizona Board of Regents.

Klinke, A., & Renn, O. 2011. "Adaptive and Integrative Governance on Risk and Uncertainty." *Journal of Risk Research*, 15(3): 273-292.

Lima, M. (2004). "On the Influence of Risk Perception on Mental Health: Living Near an Incinerator." *Journal of Environmental Psychology*, 24: 71-84.

Lindsey, Angela B. et al. 2011. "The Impacts of Technological Disasters" at https://edis.ifas.ufl.edu/publication/FY1230

Lindell1, Michael K. and Carla S. Prater. 2003. "Assessing Community Impacts of Natural Disasters." *Natural Hazards Review* 4(4): 176-185.

Lindell, Michael K. 2013. "Disaster Studies." *Current Sociology Review* 61(5/6): 797-825

Liu, Yi. 2022. "Discharge of Treated Fukushima Nuclear Accident Contaminated Water: Macroscopic and Microscopic Simulations." *National Science Review*, 9 (Jan.): nwab209.

Lynch, William T. and Ronald Kline. 2000. "Engineering Practice and Engineering Ethics." *Science, Technology & Human Values* 25: 195-225.

MacFarlane A. et al. 2006. *Uncertainty Underground: Yucca Mountain and the Nation's High-Level Nuclear Waste*. Cambridge, MIT Press.

Murakami, Sakura and John Geddie. 2023. "Exclusive: IAEA Chief Grossi Hints at Discord among Fukushima Report Experts." *Reuters* (7 July) at https://www.reuters.com/business/environment/iaea-chief-grossi-hints-disagreement-among-experts-fukushima-report-2023-07-07/

National Research Council. 1983. *Risk Assessment in the Federal Government: Managing the Process*. National Academy Press.

National Research Council. 1996. *Understanding Risk: Informing Decisions in a Democratic Society*. National Academy Press.

Nelkin, Dorothy. ed. 1979. *Controversy: Politics of Technical Decisions*. Beverly Hills. Sage Publications.

Nixon, Rob. 2011. *Slow Violence and the Environmentalism of the Poor*. Cambridge, MA. Harvard University Press.

Parascandala, M. 2002. "Uncertain Science and a Failure of Trust: The NIH Radioepidemiologic Tables and Compensation for Radiation-induced Cancer.", *Isis* 93: 59-84.

Perry, R. W. 2007. "What Is a Disaster?" in *Handbook of Disaster Research*, pp. 1-15. Springer, New York, NY.

Peters, Richard G. et al., 1997. "The Determinants of Trust and Credibility in Environmental Risk Communication: An Empirical Study," *Risk Analysis* 17: 43-54.

Quarantelli, E.L. 2000. "Disaster Research." in E. Borgatta, & R. Montgomery eds., *Encyclopedia of Sociology*, pp. 682-688. New York: Macmillan.

Rabe, Barry G. 1992. "When Siting Works, Canadian Style," *Journal of Health Politics, Policy and Law* 17: 119-142.

Rasmussen, Jens. 1997. "Risk Management in a Dynamic Society: A Modeling Problem." *Safety Science* 27(2): pp. 183-213.

Reason, James. 1990. "The Contribution of Latent Human Failures to the Breakdown of Complex Systems." *Philosophical Transactions of the Royal Society of London*. B. 327: 475-484.

Reason, James. 1997. *Managing the Risks of Organizational Accidents*. London, Routledge.

Renn, Ortwin, et al. 2011. "Coping with Complexity, Uncertainty and Ambiguity in Risk Governance: A Synthesis." *Ambio* 40: 231-246.

Shrum, Weskey. 2014. "What Caused the Flood? Controversy and Closure in the Hurricane Katrina Disaster." *Social Studies of Science* 44: 3-33.

Sills, G. L. et al., 2008. "Overview of New Orleans Levee Failures: Lessons Learned and Their Impact on National Levee Design and Assessment." *Journal of Geotechnical and Geoenvironmental Engineering* 134(5): 556-565.

Skoumal, Robert J. 2018. "Earthquakes Induced by Hydraulic Fracturing Are Pervasive in Oklahoma." *Journal of Geophysical Research: Solid Earth* 123: 1-18.

Slovic, Paul. 1987. "Perception of Risk." *Science* 236: 280-285

Starr, Chauncey. 1969. "Social Benefit versus Technological Risk." *Science* 65: 1232-1238.

Tarr, Joel. 2002. "The Metabolism of the Industrial City: the Case of Pittsburgh." *Journal of Urban History* 28(5): 511-545

Turner, Barry A. 1978. *Man-made Disasters*. London. Wykeham Publications.

Turner, Victor. 1980. "Social Dramas and Stories about Them." *Critical Inquiry* 7(1): 141 – 168.

Tversky Amos, and Daniel Kahneman. 1981. "The Framing of Decisions and the Psychology of Choice." *Science* 211: 453–458

Vaughan, Diane. 1996. *The Challenger Launch Decision: Risky Technology, Culture, and Deviance at NASA*. Chicago. University of Chicago Press.

Vorkinn, M., & Riese, H. 2001. "Environmental Concern in a Local Context: The Significance of Place Attachment." *Environment & Behaviour*, 33: 249–263.

Weick, Karl E., and Roberts, Katelene. 1993. "Collective Mind in Organizations: Heedful Interrelating on Flight Decks." *Administrative Science Quarterly* 38: 357–381.d

Weick, Karl E., & Sutcliffe, K. M. 2001. *Managing the Unexpected: Assuring High Performance in an Age of Complexity*. Jossey-Bass.

Weinberg, Alvin. 1972. "Science and Trans-Science." *Minerva* 10: 209–222.

Wynne, Brian. 2003. "Seasick on the Third Wave? Subverting the Hegemony of Propositionalism: Response to Collins & Evans." *Social Studies of Science* 33: 401–417.

Young, Stephen. 2018. "Do We Really Want to Go Down That Path?" *Social Justice* 45(2/3): 93–118.

Zhao, Chang. et al. 2021. "Transport and Dispersion of Tritium from the Radioactive Water of the Fukushima Daiichi Nuclear Plant." *Marine Pollution Bulletin*. 169: 112515.

찾아보기

우리는 재난을 모른다
ⓒ홍성욱, 2024. Printed in Seoul, Korea

초판 1쇄 찍은날	2024년 12월 2일
초판 1쇄 펴낸날	2024년 12월 6일
지은이	홍성욱
펴낸이	한성봉
편집	최창문·이종석·오시경·권지연·이동현·김선형
콘텐츠제작	안상준
디자인	최세정
마케팅	박신용·오주형·박민지·이예지
경영지원	국지연·송인경
펴낸곳	도서출판 동아시아
등록	1998년 3월 5일 제1998-000243호
주소	서울시 중구 필동로8길 73 [예장동 1-42] 동아시아빌딩
페이스북	www.facebook.com/dongasiabooks
전자우편	dongasiabook@naver.com
블로그	blog.naver.com/dongasiabook
인스타그램	www.instargram.com/dongasiabook
전화	02) 757-9724, 5
팩스	02) 757-9726

ISBN	978-89-6262-634-6 03300

※ 잘못된 책은 구입하신 서점에서 바꿔드립니다.

만든 사람들
책임편집	박일귀·이종석
디자인	pado
크로스교열	안상준